METAS ESTRATÉGICAS

guía para monitorear tu progreso en la consecución de tus deseos

---

G. CHRISTIAN

UNO

¿Qué son las metas estratégicas?

Si pudiésemos hacer un cálculo de las tantas metas que nos hemos propuesto lograr y por alguna razón no conseguimos hacerlo, creo que llegaríamos a la conclusión de que son unas cuantas. Cada principio de año muchos de nosotros hemos realizado una lista de metas para cumplirlas en los primeros tres meses, o seis, y otras antes de que acabe el año. Pero nos topamos con la sorpresa de que al llegar el último mes no resultó como esperábamos y quizás solo cumplimos una o ninguna de esas metas.

Miras atrás y no entiendes cómo pudo pasar que en 12 meses no lograste ninguna de tus metas. Entonces te frustras a tal punto de sentirte mediocre o inutil. Pero, ¿has escuchado hablar alguna vez de las metas estratégicas?

Las metas estratégicas están totalmente llenas de esos objetivos grandes a los que quieres llegar con el uso de estrategias. Ya sean objetivos personales, empresariales o de cualquier otra índole. No es lo mismo tomar un papel y escribir una serie de metas y ya, que hacerlo con una planificación de cada una, haciendo uso de ciertas estrategias. Existe un pequeño porcentaje en que no puedas cumplir una meta que te traces si ésta lleva en sí, una buena estrategia ya definida.

La implementación de estrategias siempre ha sido un excelente recurso al momento de querer cumplir con algún deseo que se tenga. Las estrategias pueden definirse en buenas, muy buenas y excelentes.

Por ejemplo, una buena estrategia sería aquella que comprende un plan para alcanzar cierto objetivo, como sería el caso de un equipo de futbol de 11 jugadores que son realmente buenos y tienen como objetivo ganar un partido. Para ello implementan alguna estrategia que los ayude a cumplirlo. La cual sería en este caso seguir un cierto orden de posiciones, considerando que jugador es más apto para cada posición. Pero aun cuando son excelentes jugadores resulta que no llegan a ganar. Entonces, ¿dónde estaría la falla? Puede que sea en que los jugadores no cumplieron con el orden que debían, o puede ser que les hizo falta una mejor estrategia.

En todo caso una muy buena estrategia sería la de tener una ofensiva realmente dispuesta a meter goles para que su equipo gane, eso está muy bien, combinado con la anterior que es la de seguir un orden.

Sin embargo, el equipo flaquea en algo muy importante y es que olvida que una excelente estrategia sería la de jugar en equipo. Basada en realizar buenos pases entre ellos y apoyarse los unos a los otros. Esta última sería sin duda una estrategia que combinada con las dos primeras les llevaría a lograr ese gran objetivo propuesto.

Así como ese ejemplo puedo darte muchos más, y espero que en tu mente ya estén pasando algunos, lo relevante en realidad de todo esto es que llegues a entender lo valiosa que puede ser una estrategia al momento de implementarla. Incluso puedes usar estrategias para medir tu progreso en el alcance de tus deseos, llevando a cabo una serie de acciones planificadas que te ayuden a tomar decisiones correctas y a conseguir los mejores resultados. Una verdadera estrategia está plenamente orientada a alcanzar un objetivo siguiendo pautas de actuación.

Ahora bien, al hablar de metas estratégicas básicamente estoy diciéndote que si tienes una meta, si o sí, deberías definir una estrategia que te ayude a alcanzarla. No importa que meta sea, por muy sencilla o complicada que parezca, si ejecutas una estrategia y logras que sea precisa, vas a lograrlo estoy convencida de eso.

Para ayudarte un poco más voy a dejarte una lista de algunos tipos de estrategias que puedes usar. Aunque existen muchos tipos de ellas, este grupo ha aportado mucho en mi crecimiento personal y en el cumplimiento de mis metas:

- **Estrategias de Priorización:** Si no estableces prioridades en tu vida, es poco probable que puedas lograr el cumplimiento de una de tus metas. Y si lo haces definitivamente está de locos eso. En serio, comienza estableciendo tus prioridades y que nada te mueva de ellas. No es lo mismo que un día tal vez debas posponer algo que tenías planeado hacer que te acercaría a tu meta, porque surgió algún imprevisto y tienes que saber ser moldeable también ante esa causalidad. Pero eso no quiere decir que lo dejarás de lado simplemente y que tu orden de prioridades va a cambiar. Recuerda siempre tener claras tus prioridades y darle seguimiento cada día.
- **Estrategias de planificación:** Aunque suene a cliché al desorden lo siguen el caos y el fracaso. Planifica tus movimientos, trata de generar ideas creativas que en verdad te ayuden a cumplir tus metas. Puedes empezar con un lápiz y una libreta de notas. Escribe tus ideas, no dejes que se vayan volando con las distracciones de la vida cotidiana. Nuestra mente puede retener cierta información, pero si no plasmas esas ideas que vienen de repente a tu cabeza, puede que te arrepientas más tarde de no haberlo hecho. Coloca en tu planificación metas alcanzables y realistas para que luego no llegues a sentirte frustrado por no haber podido cumplirlas.
- **Estrategias de Flexibilidad:** Sé flexible. Si tienes un plan A y resulta que estás comenzando a notar que no obtienes los resultados que querías. Entonces cambia el

plan, trata siempre de mantener un as debajo de la manga. Un plan B y hasta un C. No tiene nada de malo, malo es quedarse estancado en algo que no está generando resultados. Además, verás cómo vas a sentirte más cómodo y aunque al principio el cambio sea un poco desconcertante, intenta adaptarte lo más rápido que puedas y sigue adelante con tu proyecto. Es como decir, si caigo me levanto, me sacudo y sigo adelante. El verdadero fracaso está en no volverlo a intentar.

- **Confianza en ti mismo:** Está, aunque obvia es muy importante porque de allí nace todo tu éxito, en la confianza que tengas en ti mismo. Si piensas que vas a lograr cualquier cosa que te propongas lo vas a hacer. Caso contrario terminarás en el mismo punto donde empezaste y no habrás avanzado nada. Vamos échale ganas y cree que eres una persona extraordinaria y no una persona común. Es hora de que salgas de tu zona de confort y si aún no confías en ti mismo, te invito a que te retes y te digas frente a un espejo todo lo increíble, valioso y brillante que eres.

- **Desechar malos hábitos:** Creo que uno de los más poderosos malos hábitos que existen es la falta de compromiso. Cuando una noche te sientas y desglosas tu plan, lo escribes bien claro y tienes una gran emoción en el momento, porque te imaginas todo lo que vas a alcanzar cuando lo hayas logrado. Te sientes realizado y todo eso. Pero al día siguiente resulta que parece que eres otra persona distinta a la del día anterior, te levantas sin ganas de nada y recuerdas todo lo que tienes que hacer, pero sencillamente no lo haces. Terminas haciendo otra cosa y pospones lo que si tenías que hacer.

- Otro que va de la mano es la **irresponsabilidad:** Si no empiezas por ser responsable contigo mismo, créeme que no podrás serlo con nadie más. Y así como estos muchos más, como la indecisión, una mala aptitud y postura ante tu diario vivir, la pereza, y en la actualidad

Metas estratégicas

hasta el uso desmedido de las redes sociales, hay que cuidar el tiempo que pasamos en ellas. Evita las distracciones ellas son tu enemigo más peligroso te harán perder un tiempo muy valioso que puedes invertir en otras actividades con más valor. Mantén tu disciplina y evita todo aquello que pueda distraerte de tus objetivos.

- **Proactividad:** Si no eres proactivo, las cosas siempre terminarán por sorprenderte. Una persona proactiva se anticipa a las situaciones futuras y no solamente reacciona ante ellas. Y creo que esto debe ser algo en que nos eduquemos cada día. Si sientes o piensas que no eres alguien proactivo entonces comienza a buscar cómo puedes serlo. Es una virtud muy importante que debemos aprender y adoptar en nuestra vida. Dependiendo de lo proactivo que seas serás mucho más eficiente en todo lo que hagas. La proactividad se trata de iniciar el cambio.

- **Buscar ayuda si fuera necesario:** No es bueno creer que sabemos todo. Aceptar que necesitamos ayuda muchas veces, es parte de entender que somos seres humanos imperfectos y que todos siempre somos ignorantes en algo que otra persona no lo es y viceversa. No haces nada con creerte autosuficiente y que no necesitas la ayuda de nadie, solo porque es tu vida personal, o son tus deseos, tus metas. Siempre que necesites ayuda pídela, pero eso sí, asegúrate de que la persona a la que estas acudiendo sea alguien que realmente esté dispuesto ayudarte, pero que además también pueda hacerlo.

De eso dependerá que consigas buenos resultados. Aplica también para empresas, páginas web o algún libro.

En cuanto más metas estratégicas te traces más posibilidades vas a tener de lograr eso grandes objetivos que te has propuesto. Vale la pena intentarlo.

Considera por un momento tu vida y haz un rápido recuento de todas esas metas que tanto has querido lograr y no pudiste hacerlo. Ahora evalúa en ¿dónde fue que fallaste? ¿Cuál fue tu error más repetitivo? y cambia la forma en que haces las cosas.

No te limites más, ninguna meta por muy grande que parezca suele ser inalcanzable, todo radica en la voluntad que tú mismo tengas de acabar ese camino que emprendiste, ya sea que sea largo o corto. Pero si insistes y persistes con perseverancia sin dejarte doblegar por tus emociones estoy segura de que llegarás a la meta.

Piensa en lo fabuloso que debe sentirse ese corredor que durante años entrenó día tras día para correr 100 metros planos y ganar una medalla olímpica.

Éste empieza su carrera con unas enormes ganas de llevarse el premio que tanto ha deseado y siente literalmente que va tras él. No pone su mirada en los demás corredores, él sabe que también son muy buenos, pero confía en sí mismo y sueña con llegar a la meta antes que ellos y así poder gozar de esa medalla por la que tanto ha trabajado.

Y aunque en su carrera ve a unos adelantarse cuando suena aquel disparo, simplemente insiste y se concentra. Palabra clave: concentración. Si te concentras en lo que haces y cuáles son tus objetivos nada va a sacarte de eso. Es lo mismo que enfoque, enfócate. No pierdas el hilo de lo que te has propuesto lograr y haz como ese corredor que, al llegar a la meta de primero, cae de rodillas dando gracias porque sabe que lo ha logrado.

Así que querido lector, créeme, recibirás ese gran premio que tanto anhelas más tarde que temprano. Todo lo que debes hacer es plantearte metas estratégicas y comprometerte con ellas, sé responsable y lucha sin descanso por llegar a la meta. Y recuerda se vale caer, pero no te permitas a ti mismo quedarte en el fracaso. Cada día trae miles de oportunidades consigo.

Otra cosa, por nada del mundo pienses en abandonar y si lo piensas desiste de ese pensamiento. Sé constante, además de comprometido la constancia y la perseverancia te llevarán al verdadero éxito. Agárrate fuerte de estas dos y por favor no las sueltes.

Establece metas específicas no lo olvides y pon una fecha. Eso te ayudará más porque vas a sentir cada día que pase que te quedan menos días que cuando comenzaste para lograr tu meta. También recuerda ser absolutamente fiel a tus metas, te hablaré al respecto en los siguientes capítulos.

DOS

¿Para qué sirven las metas estratégicas?

Cualquier persona desea ser exitoso en la vida. Ya sea en su empresa, en su educación, su matrimonio o su ámbito familiar y en mucho más. Y para lograrlo tiende a proponerse una serie de metas.

Ahora bien, cuando hablamos de metas estratégicas no solamente es necesario el hecho de colocar el plazo para dicha meta. Sino tomar en cuenta una serie de pasos que nos llevarán a alcanzar esas metas.

Por esto se hace muy necesario establecer un camino claro y preciso que nos permita alcanzar esas metas previas. Estaríamos hablando entonces de una planificación estratégica.

En este caso para eso sirven las metas estratégicas, básicamente son una herramienta esencial que te ayudará a cumplir con eso que tanto has anhelado.

Como te dije al principio en el capítulo 1, muchas veces no basta con tan sólo establecer una meta y sencillamente perseguirla sin ninguna dirección. Esto es tan absurdo que sería lo mismo como si fueras un barco a la deriva. Y creo que ya sabes cuán riesgoso sería.

Lo que trato de decirte en realidad es que, lo más importante de una meta estratégica y por qué es tan efectivo su uso, es sencillamente por el hecho de qué te lleva en una dirección. O sea, no vas a

Metas estratégicas

la deriva donde no sabes que viento puede arrastrarte. Sino que realmente sabes hacia dónde vas y aunque puedan aparecer fuertes vientos o grandes olas, tú ya tienes un plan, un mapa.

A ver, ¿cuál crees que sería uno de esos tantos vientos? ¿Alguna vez te ha pasado que tienes algo pensado y te sientas a planearlo, lo detallas y dices mañana comenzaré con este nuevo proyecto? Y es cuando te lanzas. Te subes al barco, levantas las velas, subes el ancla y tomas el timón.

Emprendes un nuevo rumbo, vas con toda la emoción, buenas vibras, pensamientos exhaustivos de motivación y superación. Eres un duro y vas a lograr terminar ese viaje que acabas de emprender.

Sin embargo, a la caída del primer atardecer cuando te encuentras totalmente absorto y eclipsado por ese sol hermoso, que se prepara para esconderse. Llegas al punto de sentir que te sonríe y terminas suspirando de amor por él. Imagina que esto sería tu primer triunfo en lo que has emprendido.

Pero al día siguiente, despiertas, subes a la cubierta de tu barco y observas que el día amaneció nublado, que el sol decidió no salir esa nueva mañana o peor aún que se dejó cubrir por grises y espesas nubes. Pienso que en la vida hay dos tipos de personas, unas que deciden no salir a relucir y otras que, aunque relucientes se dejan opacar por las circunstancias que puedan estar viviendo.

Si me vas siguiendo espero que hayas pensado en el viento de la depresión, pues tiende a ser uno de los más resaltantes y causantes de pérdidas de objetivos y en el peor de los casos de sueños. La depresión es un mal terrible qué es tan sutil, no avisa, no lo ves venir. Cuando te das cuenta te tiene preso. Y entonces te preguntas, pero ¿qué me está pasando? yo ayer quería y tenía tanto ánimo de hacer esto que comencé, y terminarlo. Pero ahora me siento desanimado, mi mente no puede concentrarse, ya olvidé lo que debía hacer. ¡Santo cielo, que frustrante!

Entonces sucede que no sabes cuál es el segundo paso que debes seguir. Y es cuando escuchas en tu puerta un sonido, un puño firme que golpea. Te toca la puerta el fracaso.

Lee bien estimado lector, esto es muy serio, aunque haya usado una analogía de un atardecer y un barco. Quiero que lo internalices y no lo olvides. Si no decides realizar una planificación estratégica de tus metas antes de iniciar tu proyecto puede que pases un mal trago.

Así como la depresión, existen muchos factores que pueden frustrar tu emprendimiento. Si no tomas en cuenta la gran importancia que existe en contar con un plan y con uno que sea realmente bueno.

Otro ejemplo muy real serían las deudas. Sé que hay deudas que son para apalancarse y otras que son como una maldición literalmente. Las primeras te ayudan un montón, y sí es verdad que vienen con tasas de intereses qué debes pagar, pero créeme sacarás mucho fruto si sabes llevar un buen control de lo que harás con ese dinero qué te han prestado.

Supongamos que has comprado un terreno y quieres construir un hotel lo que sería un excelente negocio, porque es un activo muy rentable. Pero resulta que no cuentas con el dinero necesario para esa construcción, ahí de hecho que lo precisó sería acudir a un banco para solicitar un préstamo. Y aún, cuando se convierte en una deuda creo que la podría llamar como una buena deuda o una deuda buena.

Ahora imagina un caso diferente que resultaría lo contrario. Resulta que cuentas con una tarjeta de crédito y aunque tienes un montón de zapatos que están muy buenos y casi nuevos.

Aun así, decides ir a la tienda y comprarte varios más. Esto ya no sería una deuda buena. Sería más bien un recargo absurdo en tu lista de deudas. A esto le llamo yo, una deuda mala.

Simple, sencillo pero realista. ¿Y sabes qué es lo peor? que te puede llevar a perder muchas cosas.

De manera que ya sabes, mantente muy atento y cuando veas ese viento venir a ti, procura mover el timón fuerte de tu barco. Y esquiva esa tentación. Sí, se convierte en una gran tentación y no una fácil. Así que recuerda si no es para apalancarte no la tomes, déjala.

En este mismo orden de ideas, cuando tienes una estrategia, y tienes pasos bien definidos que vas a seguir, aún si algún mal viento

Metas estratégicas

diera fuerte contra ti, sé que soportarías la tormenta. Porque tienes una guía y nada te podría desviar de tu blanco.

Siempre he creído que las personas exitosas no basan su éxito en un rotundo buen vivir, donde han llevado una vida llena de paz y armonía solamente, sin fracasos, ni hasta malas decisiones. Creo que son exitosas porque han decidido brillar más fuerte cada día, sin importar cualquier cosa que quiera opacarlos. Han estado comprometidos con su plan, quizás flaquearon muchas veces y hasta se dieron fuertes golpes, pero tenían un blanco bien definido y eso los ha llevado a donde están. ¿Y tú ya tienes tu plan bien definido?

¿Ya tienes tu lista de pasos a dar en eso que quieres emprender o que ya emprendiste? Si aún no lo has hecho este es el momento de hacerlo. Y si ya lo hiciste felicidades.

Ahora ya que has visto lo que puede suceder por no planificarse en cualquier cosa que se desee hacer. Y no me creas por esto una persona metódica, súper estricta en planificación y demás. No, también suelo ser una persona espontánea que se atreve a veces a cambiar de opinión y decisión.

Pero una cosa es que puedas ser espontáneo cuando quieras serlo y otra distinta es ser desordenado e incumplir contigo mismo.

Recuerda que, aunque argumentes diciendo, que son tus metas y son propias de tu persona. Eso no significa que no estás incumpliendo con nadie. Mucho peor porque te fallas a ti y si no puedes ser fiel a tus propias metas, si no puedes ser fiel a ti mismo, ¿acaso crees que podrás cumplirles a otros? Dudo que así sea.

Por esa y muchas más razones debes exigirte a ti primero. Y un buen plan cumple un papel muy importante en ese camino de exigencia. Porque cuando te encuentres claudicando entre qué hacer o no, ese plan te mantendrá alineado.

Ahora bien, veamos ¿por qué son realmente importantes las metas estratégicas y para qué sirven? En si sirven para tomar el control de los distintos objetivos que te hayas propuesto. Son guías prácticas, llenas de buenas estrategias que te darán el resultado que tanto estas esperando.

¿Cómo se definen las metas estratégicas?

Todos tenemos sueños, pero a diferencia de las metas, los sueños no tienen fecha pautada de logro. En cambio, una de las características de las metas estratégicas es que tienen una fecha para lograrlo.

Para determinar cómo definir una meta estratégica hay que ser consciente que es más fácil cumplirla cuando crees en ti mismo y eres fiel a tus metas.

Además, debes sentir una verdadera pasión por lo que te propones y estar dispuesto y comprometido plenamente a trabajar en ello.

Entonces ¿cómo establecer metas estratégicas? Lo primero que debes saber es que las metas deben ser:

- **Medibles:** Es decir, que tengan una fecha de logro.
- **Específicas:** Se basa en la pregunta ¿Qué quieres lograr?
- **Logrables:** se trata de ser realista. No esperes de pronto lograr correr 100 metros planos en 13 segundos, cuando no has corrido nunca en la vida.

También es sumamente importante que escribas todas tus metas en positivo. Hazlo como si ya lo hubieras logrado.

Un ejemplo práctico sería: El 15 de septiembre, vendí toda la mercancía que traje del exterior, un monto total de 4000 dólares. (Medible, especifica y lograble) y me sentí muy bien, excelente y realizado. (Positivo).

Muy bien ya que sabes cómo definir una meta estratégica no olvides que te ayudarán a manejar con un rumbo, que van a evitar que pierdas el tiempo navegando y averiguando que es lo que debes hacer. Te acortarán sobretodo tiempo, esfuerzo y dinero, en cualquier caso. Estoy segura de que lo menos que quieres es perder tu esfuerzo, tu dinero y el tiempo que puedes estar invirtiendo. Porque cuando se toma tiempo en una meta, no es un lapso que se gasta. Es una inversión.

Es importante que sepas que las metas estratégicas sirven de

Metas estratégicas

forma elemental en el establecimiento de la visión, misión, los valores y los objetivos estratégicos. Básicamente tienen como funcionamiento el establecimiento de estos importantes elementos en la ejecución de cualquier proyecto. Ya sea personal o de una empresa.

La visión sería el punto de comienzo para articular la meta. Se puede definir también como lo que determina a donde queremos llegar en el futuro.

La misión debe ser construida de forma específica y centrada en los medios competitivos.

Los valores son los ideales y principios por los cuales vas a regirte. Ellos te harán reflexionar acerca de tus acciones. No sería nada ético hacer cualquier cosa que sea delictiva o este mal, solo para conseguir lo que queremos.

Los objetivos estratégicos bien marcados y específicos te ayudarán a llegar más rápido y con más facilidad al objetivo general que te has trazado.

Estos deben ser:

- Mensurables: Que tengan al menos un indicador o criterio que mida el progreso hasta llegar a cumplir el objetivo.
- Específicos: Para proporcionar un claro mensaje en cuanto al recorrido hacia lo que se quiere alcanzar.
- Apropiados: Que sean consistentes con tu visión y misión.
- Realistas: Como ya dije antes que sean objetivos alcanzables, propuestos según tus capacidades y las oportunidades que te rodean. Desafiantes pero flexibles.
- Oportunos: Que cuenten con un plazo de tiempo para el cumplimiento de cada uno de tus objetivos.

Me ha encantado muchísimo compartir contigo este capítulo, hew disfrutado mucho escribiendolo. Espero que sea de suma ayuda para ti y sobre todo que puedas iniciar y poner en práctica estos consejos que hemos estudiado juntos.

La esencia de una buena meta lleva implícita una buena estrategia. Ideada centrándose en el compromiso de cumplir cada uno de los pasos correspondientes a dicha estrategia.

Basa siempre todas tus metas en estrategias en las que realmente puedas trabajar y que estés seguro que en realidad puedes cumplir. Y trabaja sin detenerte. No se vale desistir, si tienes un blanco fijado lucha por llegar hasta él y no dejes que ningún obstáculo que pueda aparecer por sorpresa intente desviarte o peor aún te detenga.

Sigamos ahora con un excelente tema que va en secuencia con todo esto y es sumamente interesante e importante. La planificación.

TRES

Fases de planificación

Escribir sobre este tema de metas, estrategias y planificación. Me lleva a recordar cuando hice varios cursos de liderazgo. Por todos lados se destacaba la palabra liderazgo, la repetían una y otra vez. A tal punto que llegamos a bromear al respecto diciendo: un día de estos me van a preguntar cuál es mi nombre y mi respuesta va a ser "liderazgo". Todos nos reíamos con eso.

Sin embargo, creo que fue muy necesario que así fuese y es que cuando repites una información y la repites varias veces tu cerebro va acatando mucho más esa información. Llega a percibirla mucho mejor.

En ocasiones he tenido la oportunidad de ver un vídeo acerca de uno de mis temas favoritos en estudio y es sobre Marketing Digital y he terminado viendo el mismo vídeo unas 4 veces. No importa el tiempo que demore.

Te cuento esto porque sé que verás varias palabras repetirse a medida que vayas leyendo y quiero que sepas que mi intención es hacer que tu cerebro realmente capte la valiosa información que tendrán estas líneas que lees.

En este capítulo quiero hablarte de la planificación y sus fases. ¿Sabes que es planificación? Posiblemente sí. Bueno es básicamente un método que se usa para establecer una serie de ideas que nos lleven a obtener el resultado deseado. A cumplir objetivos, metas y sueños.

La planificación comprende una serie de elementos que se entrelazan entre sí. Los cuales trabajan por un mismo fin, esto es el alcance de nuestros deseos.

¿Sabes cuáles son esos elementos? Aquí te dejo algunos.

- **Propósitos:** Esas aspiraciones que tienes. Debes tener claro ¿qué quieres lograr? ¿A dónde quieres llegar? Estás aspiraciones pueden ser permanentes o semipermanentes.
- **Investigación:** consiste en determinar cuáles son los factores que te pueden ayudar a cumplir tus propósitos o aspiraciones. Y qué medios vas a usar para conseguirlos.
- **Objetivos:** Importantísimo. Básicamente representan los resultados que deseas obtener. Fines para alcanzar que se establecen para realizarse transcurrido un lapso de tiempo específico.
- **Estrategias:** ¡Ves que es cierto lo que digo! Ya he especificado antes lo que son las estrategias estás pueden ser de acción general o alternativas que muestren una dirección y el uso de recursos y esfuerzos para lograr los objetivos de la forma más ventajosa posible.
- **Programas:** La planificación va de la mano con la programación. Estos programas son esquemas que se hacen para establecer la secuencia de actividades se van a realizar con el fin de alcanzar los objetivos ya propuestos. Deben contener además el tiempo que requerirá cada una de las partes del programa.
- **Procedimientos:** Básicamente se trata de establecer un orden cronológico y una secuencia de actividades que deben seguirse.

Cuando tienes pensado hacer alguna cosa, casi siempre lo

primero que te preguntas es ¿Cómo lo voy a hacer? Ahí es donde entra en juego la planificación.

¿Por qué es importante la planificación?

Porque de ella depende lo realmente productivo que puedas llegar a ser en lo que te propongas. Ésta es llamada también como planeación. Se conoce como una función administrativa donde se lleva a cabo el análisis de una situación, se establecen objetivos y el desarrollo de los planes de acción a tomar en cuenta para la implementación de estrategias.

La planificación radica en la necesidad de organizar de manera coherente lo que se quiere lograr. Lo que implica tomar decisiones previas a la práctica para definir como se hará para lograrlo de la mejor manera.

¿Para qué sirve la planificación?

Sirve para diseñar un plan sobre lo que deseamos hacer para llegar a nuestro objetivo. Ya sea a corto, mediano o largo plazo. Y aprovechar al máximo el potencial existente.

Similar a un juego de ajedrez donde planeas usar una buena estrategia muy competitiva para ganarle a tu oponente. La cual amerita mucha concentración y está implícitamente llena de planificación.

Imagina que tus fichas son las blancas, comienzas por mover el primer peón en tu primera jugada. Y empieza el juego. Notas cómo tu oponente está concentrado tanto como tú y quiere ganarte. Se toman sus minutos cada uno para pensar en su siguiente jugada y van comiendo piezas. Hasta el punto que llega el jaque mate.

Se lee tan fácil ¡Ja! Pero no lo es, el que haya sido el ganador del juego tuvo que haber tenido una buena estrategia e implementarla. De lo contrario no habría podido ganar.

Así pasa en la vida real, diariamente estamos viviendo una batalla. Depende de lo bien que procuremos mover las piezas para tener éxito y ganar la batalla.

Sin planificación es difícil lograrlo, tal vez no sea imposible, pero si es complicado. Es mejor tomar un tiempo de planificación, que luego perder o no alcanzar nuestros objetivos.

¿Qué se debe tener en cuenta para una buena planificación? Ten en cuenta inicialmente conocer la situación real, que esté bien definida será clave, con suficiente información y que sea plenamente confiable y comprobada. A partir de allí parte y emprende el camino.

Recuerda tomar en cuenta el conocimiento que tienes acerca de las limitaciones y potencialidades que tienes como persona para llevar a cabo tu propósito. Eso es súper importante.

Otra cosa es la seguridad que tengas. Debes estar convencido, bien seguro de que lo que estás planeando sea algo realista y congruente con lo que puedes hacer.

Imagina que una persona tenga como meta hacer una edificación, pero antes no toma en cuenta si tiene todo lo necesario para acabarla. No se toma el tiempo de ver si cuenta con el dinero suficiente y necesario. NI se percata de ver que los materiales que ha comprado alcancen para terminar por completo el trabajo de edificación y simple y llanamente comienza. Cuando el proceso va a mitad se da cuenta de que no tiene lo suficiente y se lamenta por no haberlo planificado antes.

Para estos casos y para todo en la vida se necesita de planificación. Como hacer una rica receta, si primero no cuentas los ingredientes y te aseguras que tienes todo lo que vas a necesitar a la mano, luego cuando ya estés preparando la receta, y notes que se te olvidó algún ingrediente, pero resulta que no está en tu despensa. No vas a salir corriendo al supermercado a comprarlo en ese momento. Eso sería una completa y rotunda pérdida de tiempo. Y más si la cena era para alguien muy especial que está a punto de llegar.

Siendo así ¿ves lo importante que es tener una planificación anticipada? Te ahorra tiempo y malos momentos. Si planificas bien las cosas al final sentirás una fantástica sensación de triunfo y de éxito. Tú estarás complacido con el resultado y los que prueben tu cena también lo estarán si ha quedado buena.

Diferencia entre ir tras las metas sin planificación y con planificación

Un ejemplo muy práctico sería que tienes el deseo de abrir ese nuevo negocio que por mucho tiempo llevas pensando. Pero solo lo has pensado y todo se ha quedado hasta ahí. Entonces te ves frente a la oportunidad de abrirlo y resulta que no tienes nada planificado. Sin embargo, decides iniciar y ya.

No tienes una visión y una misión definida, no has establecido ningún objetivo en específico. Y puedes argumentar diciéndome: Ajá, pero mi objetivo es vender. Para lo cual mi pregunta sería ¿Cuáles son tus objetivos específicos que te llevarán a cumplir ese objetivo general? No se trata solamente de tener pensado algo por encima y ya. Se trata de que te involucres tanto con tu proyecto o propósito que decidas ser especifico.

Ejemplo ¿quieres vender? Bueno primero dices, voy a preparar una estrategia de ventas, un buen embudo de captación y fidelización de clientes. ¿Qué ideas tengo? ¿Qué plan voy a ejecutar para lograrlo?

Y actualmente, ¿qué plataformas tienes pensado usar? Sí, porque no solo tienes la opción de ser offline, sino también online en cualquier negocio que quieras emprender.

¿Te imaginas que pasaría si no planificas lo que vas a hacer? No creo que llegues a tener los resultados óptimos que necesitas.

No es lo mismo tener un resultado mediocre que uno óptimo en realidad. Y creo que sabes a qué me refiero.

A diferencia de cuando te planificas sabes que vas a alcanzar tus deseos, tus metas, y esos objetivos que te has propuesto alcanzar. Y no por qué solamente depende de planificarse. Sino porque realmente llevas algo establecido, sabes por dónde ir.

Es lo que trato de decirte y sé que lo tienes claro. Fíjate en este ejemplo. El de una embarazada. Cuando una mujer queda en estado su vida cambia por completo, sea que lo haya planificado o no. De igual forma ahora tendrá que planificarse, tendrá que empezar a planear que va hacer con ese futuro hijo que viene en camino. Entonces comienza a prepararse para la llegada de su bebé y empieza la compra de la cuna, el coche, la ropa, los pañales, biberones y demás cosas que va a necesitar su bebé.

Pero ahora imagínate que pasen los 9 meses y el bebé nace y resulta que la madre no ha pensado en nada de esto. Y sencillamente no tiene nada. ¿Con qué va a vestir a su bebé? Sé que éste es un ejemplo fuerte, por así decirlo. Pues pienso que todo debería ser tan importante como este caso. Obvio que no más, pero si importante como el hecho de traer al mundo a un bebé. Si lo piensas bien cuando tienes una meta te embarazas de esa meta y tienes un plazo para concebirla.

Si tomáramos nuestras metas tan en serio, como nos tomamos en serio la llegada de un nuevo miembro de nuestra familia a nuestras vidas. Con la misma seriedad.

Estoy segura de que alcanzaríamos muchas más cosas. Porque estaríamos realmente comprometidos con nuestros proyectos y nuestros objetivos.

Espero que no me tomes como una persona dramática, con semejante comparación. Lo que quiero hacerte entender realmente, es que si no tomas la decisión de planear y planificar cualquier objetivo que tengas en mente. Lamentablemente no vas a poder tener el mismo resultado que podrías tener si te planificas.

Esa es la diferencia entre planificarse y no planificarse ante una meta. Es decir, es más fácil alcanzar una meta cuando tienes ideas establecidas, objetivos, y un plan a seguir. Que cuando no lo tienes.

Cuando no tienes nada de esto y hago bastante énfasis en este punto, porque es una realidad inminente que debes tener clara. Estoy diciendo lo grave que sería para ti, porque indudablemente está en juego tu autoestima, tu vida personal, el hecho de si te sientes o no realizado y muchas cosas más.

Porque cuando llegues a la meta, si es que llegas, sin ánimos de ser pesimista. Pero si no te planificaste es poco probable que lo logres. Si llegas, es posible que te des cuenta de que, aunque llegaste,

Metas estratégicas

pudiste haber llegado mejor y tal vez más rápido. Ahí entra mucho en juego eso. El tiempo. Palabra clave: Tiempo. Recuérdalo bien no estás para perder tiempo, aprovecha bien el tiempo.

Así que, ¿ya ves cómo te ayuda la planificación? es tu mejor aliada no vas a encontrar otra mejor amiga en estos casos. Créeme, por eso abrázala, quiero decir asúmela, practícala. Y si no sabes cómo hacerlo empieza por algo. Inténtalo, poco a poco vas a ir viendo cómo fluye tu planificación.

No es necesario que seas un experto en la materia y que hagas una planificación súper concisa. Usa tus propios medios, tus capacidades.

Tú mismo te conoces y sabes realmente de lo que eres capaz, de lo que puedes alcanzar y que puedes implementar para lograrlo. Nadie lo sabe mejor que tú. Y eso no quiere decir que no pidas ayuda porque puedes hacerlo, pero enfócate en sentirte en consonancia con tu planeamiento. No permitas que sea algo extraño para ti o difícil de entender. Lo mejor que puedes hacer es asegurarte de que la entiendas bien, eso te llevará al éxito.

CUATRO

Acciones coherentes a tus objetivos

Un objetivo es una finalidad que se quiere alcanzar, existen objetivos concretos, específicos y en una forma más amplia objetivos generales.

¿Cómo se establece un objetivo?

Primordialmente los objetivos deben definirse de forma clara y concreta. Estos deben ser medibles, ser cuantificable, tener un plazo y plan de acción.
Hay dos tipos de objetivos diferentes:

1. **El objetivo del resultado:** Éste es el destino final, el lugar a donde nos dirigimos.
2. **El objetivo del proceso:** Éste es el viaje, el plan para alcanzar un resultado, es la travesía.

El objetivo debe ser expresado en forma positiva lo mismo que una meta. Tiene que ser especifico, saber cuánto tiempo necesitarás para alcanzarlo. Debes decidir cómo medir el avance del

Metas estratégicas

cumplimiento de tu objetivo. Es necesario que organices los recursos que necesitarás durante el proceso hacia el logro de tu objetivo.

Cuando una persona se traza metas debe tratar de mantener cierto comportamiento que lo lleve a cumplir dichas metas. Debe ser congruente con lo que se ha propuesto hacer. Es decir, sus acciones y hechos deberían estar alineados a sus pensamientos y sus palabras.

Tanto así que pueda decirse de sí, que el éxito que ha obtenido es inherente a él mismo. En este sentido que sus acciones se vuelvan parte intrínseca de él.

Te imaginas que pasaría si dispones comprarte un nuevo automóvil en 6 meses, pero resulta que no ahorras, no inviertes en ningún activo que te genere algún tipo de ingreso. Aunado a eso te endeudas con cosas que no te benefician, sino que más bien te perjudican.

Es claro que no podrás cumplir con esa meta, no podrás comprarte ese automóvil. ¿Con qué dinero lo comprarías?

Caso contrario sería si tomaras la acción de ahorrar y crear un fondo adicional específicamente para esa compra. Y que además de eso decidieras no comprar cosas innecesarias o que más adelante puedes comprar. Por supuesto que de esa manera si llegarías a tener ese nuevo automóvil.

Lo que antecede a una acción es una decisión. Así que todas nuestras acciones están llenas de decisiones que nosotros mismos hemos tomado.

Entonces para tener acciones coherentes a tus objetivos. Luego de ya has planificado lo que vas a hacer. Debes tomar buenas decisiones. Dependerá de las decisiones que tomes el éxito o el fracaso de tu proyecto. Sencillamente es así.

Puede que te hayas propuesto metas extraordinarias, que hayas hecho una fabulosa planificación. Cuentas con las mejores ideas, tu estrategia es fenomenal. Pero de repente resulta que tus decisiones son fatales y por supuesto que tus acciones mucho peores.

¿Por qué crees que puede suceder esto? No es un caso hipotético, puede ser muy real. Hay personas que se dejan matar por ellos mismos por así decirlo. Se vuelven pésimos a la hora de tomar decisiones.

Entonces lo más importante es que te centres en tomar buenas decisiones que antecedan a tus acciones y con ellas puedas lograr tus objetivos. Así de claro es.

Supongamos y tal vez tú puedas pensar en más ejemplos, así que sígueme. Piensa en alguien que tiene como meta adelgazar 20 kilogramos en 21 días. ¡Qué gran reto! Es posible que para lograrlo lo primero que deba pensar es en bajar 1 kilogramo por día.

Lo primero que hace es un planteamiento. Algo como esto:

Voy a adelgazar 20 kg en 21 días, actualmente estoy pensando 85 kg. El 10 de octubre estoy pesando 65 kg. Lo he logrado y me siento muy bien conmigo mismo y con el cuerpo que ahora tengo. En este caso su meta es medible, especifica, lograble y planteada en positivo. Excelente.

Ahora establece su estrategia lo que sería por ejemplo así:

- Debo hacer 1 hora de ejercicio diario.
- Mantendré una dieta estricta y balanceada.
- Compraré todo lo que necesito para mi dieta.
- Intentaré no sentirme ansioso por nada.
- Debo bajar 1 kg por día.
- Voy a tomar mucha agua diariamente.
- Comeré frutas y ensaladas.

Su estrategia se ve alcanzable, realista y muy funcional. Así que comienza el proceso y llega el día uno.

Primero que no cuenta con ningún ingrediente para su dieta. Porque olvidó comprarlos el día anterior. Aun así, va rápidamente y compra todo lo que necesita. Te imaginas todo el estrés que tal vez pudo haber padecido por olvidar ese detalle tan importante.

Pero ya listo regresa y comienza su hora de ejercicio diaria, todo va bien hasta que se siente muy cansado y decide acostarse en el sofá un momento, solo para descansar. Y se queda dormido porque la noche anterior se trasnochó y le ha vencido el sueño. ¡Qué mal!

Pasadas un par de horas despierta y se da cuenta de lo que ha ocurrido. Se molesta, pero tiene que darse una ducha para ir a trabajar. Ya no hay tiempo. Pasada su jornada de trabajo llegan sus amigos y le hacen una invitación al cine y a comer pizza. Se va con ellos y regresa a su casa a media noche.

Resultado final: el primer día del proceso para cumplir su meta ha sido un completo desastre. No hay más nada que decir.

Y así cada día decide hacer cosas opuestas a lo que en verdad debería hacer para llegar a la meta que quiere. Pasados los 21 días se da cuenta de que no adelgazó nada. ¿Qué ocurrió? Nada, simplemente sus decisiones le llevaron a tomar acciones incoherentes a su objetivo. Y aunque se planificó no logró llegar al cumplimiento de su meta.

Y aunque su meta es medible, se colocó una meta imposible, bajar un kilo diario. La cual no se alcanza ni con pastillas milagrosas, de esas que tienen efecto rebote.

De esta manera puedes ver que aun cuando exista planificación, si nuestras acciones no son coherentes a los objetivos que tenemos. Todo lo que va a suceder es nada. Por eso siempre que tengas una meta por cumplir debes asumirla con compromiso y responsabilidad. ¡Nadie dijo que sería fácil!

Al principio parecerá muy difícil tal vez, pero poco que poco irás adaptándote al proceso.

Cuando digo que las acciones deben ser coherentes a los objetivos me refiero a que no se puede pretender llegar a una meta sea cual sea, si sencillamente se hace todo lo contrario a lo que en realidad se debería hacer.

¿Cómo lograr ser coherente para lograr tus objetivos?

Lo primero que debes hacer ya bien lo he dicho, es ser coherente con lo que dices y haces. Seguidamente no debes desistir sin haber hecho el mínimo esfuerzo para lograrlo. Desistir no es una opción. ¡Mételo en tu cabeza! Otra cosa es ser congruente con lo que dices que quieres. Hazte la pregunta: ¿Qué quiero?

Hay ocasiones en las que crees que quieres una cosa y resulta que es lo que los demás creen que deberías querer. Pero ni siquiera es lo que tú quieres. ¿Qué quieres tú? Muchas veces no se es coherente con algo que supuestamente queremos, porque sencillamente no es en realidad lo que buscamos. Por eso no lo alcanzamos. Así que debes estar completamente seguro de que es lo que realmente quieres. De esa manera harás todo lo necesario para conseguirlo. Y cuando lo hagas sentirás una verdadera satisfacción. Felicidad.

¿Te ha pasado alguna vez que has logrado una meta, pero no te sientes feliz? Cómo un universitario que consigue un diploma de medicina porque su padre estaba emocionado en que entrase a la carrera y la cursará. Y éste por hacer feliz a su padre acepta estudiar esa carrera, pero, aunque le gusta la idea de que le han dicho que llegará a ganar mucho dinero cuando sea médico. Lo que quisiera ser en realidad es un pintor, ama el arte y es todo lo que desea ser en la vida.

Le entregan su diploma y ve a su padre llorando de emoción y felicidad por él. Pero en su interior siente una sutil agonía porque sabe que no es lo que en verdad anhela. Esto suele pasar, no es algo ficticio.

Y mayormente llegado el momento de ejercer lo que estudió, decide desistir de esa idea. Y empieza de nuevo en la universidad de arte que siempre soñó en asistir. Hasta que recibe un nuevo diploma y siente que va a explotar de felicidad.

Ya sabes un indicador de que has logrado algo que querías es la felicidad que sentirás cuando lo hayas hecho.

Toma en cuenta también para saber qué es lo que quieres, tus valores, necesidades y prioridades, y no te dejes influenciar por tu entorno.

Recuerda comportarte con congruencia. Dices que no te gusta tu trabajo y quieres cambiarte. Pero no haces nada para buscar otro. Estás sufriendo del colesterol y quieres estar sano, pero no haces nada al respecto. No mejoras tu dieta, no haces ejercicios. No te gusta tu vida, pero no haces nada para cambiarla, solo haces lo mismo de siempre.

Cambiar la mentalidad también es muy necesario para lograr ser coherente a tus objetivos. Sé positivo, inyecta ánimo en tus

Metas estratégicas

pensamientos, piensa en cosas buenas, que tengan alguna virtud, piensa en aquello que te llene de paz, de alegría. Armoniza tu mente y tus acciones.

Si tienes una mentalidad fatídica, negativa, perezosa y demasiado realista te vas quedar donde estás. No estoy diciendo que ser realista es malo, pero ser demasiado realista si lo es. La realidad mal usada mata cualquier sueño. ¡Ten cuidado con ella!

Llena tu mente de conocimiento de todo tipo y por favor de conocimiento que te ayude a lograr tus objetivos. El conocimiento también es una palabra clave al momento de lograr metas. Puedes tener un profundo deseo por lograr algo, pero si no te preparas para ello no creo que lo logres.

Por otro lado, la falta de coherencia nace cuando lo que somos no está acorde con los pasos que damos para cumplir nuestro propósito. Es decir, a nuestros gustos, valores y principios.

Cada persona tiene un potencial con el que ha nacido y cada vez que desea alcanzar algo pone a prueba ese potencial. Aun cuando una persona tenga un potencial muy alto y no está lo suficientemente enfocada en lo que quiere, estaría usando mal su potencial. Todos podemos alcanzar cualquier cosa posible y realista que deseemos. Porque contamos con el potencial para hacerlo, lo único que hay que hacer es enfocarlo de la mejor forma posible.

Si no actúas de forma coherente a la hora de perseguir tus metas para lograr cada objetivo. Puedes estancarte y hasta empezar a vivir por debajo del 50% de tu verdadero potencial. Ya que emprenderías acciones mediocres que tendrían sin duda alguna, resultados mediocres.

He allí la gran importancia que tiene el hecho de que nuestras acciones vayan alineadas con lo que deseamos tener. Mi consejo es que imagines que tú mismo eres una empresa y que si no produces diariamente es posible que en unos años tu empresa desaparezca por haber quebrado, o que, aunque se mantenga no esté dando los resultados que debería. Si te enfocas en ello, entenderás que cada día que amaneces vivo es una nueva y buena oportunidad para producir, para ser proactivo, para seguir la travesía que empezaste y para perseguir tus sueños.

Si decides quedarte acostado en tu cama y no levantarte, estancado y no tomando acción luego no te lamentes por no haber tomado acción en tu vida. Otro consejo: disfruta el viaje hasta la meta, aunque las metas son para tomárselas muy en serio no significa que vas a desgastar tus energías de mala manera por ellas. Céntrate en canalizar bien tus energías en la persecución de tus objetivos. No lo olvides. Fracaso no es caer, no crecer si es un rotundo y pésimo fracaso.

Vaya, siento que me emociono más y más cada capítulo que pasa, en serio me encanta este tema. Hay mucha tela que cortar en él. ¿Qué te parece si seguimos avanzando? Ahora hablemos de algo más majestuoso la pasión. ¡Uff!

En el siguiente capítulo veamos cómo podemos alinear nuestra pasión con nuestras acciones. Sígueme. Pero no sin antes pedirte que por nada te permitas a ti mismo ser una persona incoherente con aquello que tanto anhelas y quieres tener. Te lo mereces y tienes que perseguirlo con todas tus fuerzas.

CINCO

Tu pasión y acción alineadas

Qué bonito tema para desglosar, es maravilloso, ¿Ya sabes cuál es tu pasión? ¿Qué es aquello que realmente te apasiona? Eso por lo que podrías trabajar incluso sin esperar una retribución al momento. Esa chispa que tiene el poder de encenderte todos los días. ¿Te imaginas lo que puede pasar si alineas esa pasión que tienes con tus acciones? El resultado sería increíblemente fantástico y mucho mayor.

Por eso quiero hablarte de este gran tema, presta mucha atención a lo que vas a leer en las siguientes líneas y aprende a cómo lograr que tus acciones estén alineadas a tu pasión.

Mucha gente desconoce cuál es su pasión en la vida, incluso puede llegar a tomarle meses o años llegar a saberlo.

Seguro que has oído hablar eso de que, si te dedicas a tu pasión, serás realmente feliz y exitoso. Tal vez te suene un poco cliché, pero es totalmente cierto. Generalmente nuestra pasión va muy ligada al talento que poseemos, es por eso que cuando tus acciones siguen a tu pasión, puedes sentir y ver mayor rendimiento en ti como persona y por ende logras ser una persona feliz. No existe algo peor que hacer o trabajar en algo que no nos guste para nada.

Es por ello que las personas tienden a cuestionarse sobre cuál es su pasión en sí. ¿Y quién no? A cualquiera le parece absolutamente magnífica esta idea de conocer que es lo que en verdad le apasiona. Y créeme claro que puedes saberlo, tu pasión está a tu alcance. Puedes descubrirla cuando te lo propongas.

La pasión es cómo la llama que te mantiene trabajando cuando otros descansan o duermen, que te mantiene despierto y vivo. Y sobre todo la pasión que sientes por lo que estás haciendo es lo que en verdad te hace feliz. Si no te sientes pleno con lo que haces puede que esa no sea tu verdadera pasión. Necesitarías evaluar esto, en ese supuesto caso.

Por ejemplo, si sientes que tu trabajo es una desgracia puede que te falte pasión por él. Siempre ves cómo pasan los días y te sientes encerrado o en un callejón sin salida. Y te preguntas ¿Para qué me esfuerzo tanto si esto no es lo que quiero? Esto no me va a llevar a ningún lado. Sin embargo, la inercia propia de la rutina te mantiene ahí porque también tienes temor al cambio.

Todos comúnmente llegamos a sentir temor por lo desconocido, es por ello que nos resulta mucho más sencillo quedarnos en el lugar o posición donde estamos. Se supone que ya conoces el lugar en el que estás ahora y eso te brinda una gran confianza. Pensar en salir de allí es complicado.

Sucede como el caso de una persona que es empleado de una empresa y tiene un salario fijo mensualmente. Esta persona de pronto tiene el anhelo de dedicarse a hacer lo que verdaderamente le gusta, pero no se siente seguro de dejar su empleo actual porque siente seguridad en el salario que tiene.

Sabe que es posible que, si lo abandona, tal vez no llegue a tener dinero prontamente para cubrir sus gastos fijos. Y eso le atemoriza. Hay dos tipos de personas en este ejemplo, unos que deciden quedarse ahí donde están y no perder esa supuesta seguridad, y por qué digo supuesta, porque el día que suceda algo en la empresa, estoy segura de que la misma no dudará en despedirlo de su cargo. Para luego darse cuenta de que estuvo perdiendo su valioso tiempo, tiempo que pudo haber empleado en su verdadera pasión.

En realidad, lo que intento decirte es que no importa en el lugar que estés, si tú ahora mismo eres un empleado por motivo de

Metas estratégicas

circunstancias, en algo que no se relaciona con tu pasión. Sigue empleando el tiempo que puedas en tu pasión si ya la conoces.

Y existe el otro grupo de personas que sí se arriesgan y salen de su zona de confort. Debes tomar en cuenta algo muy importante si eres uno que está pensando salir de su confort. Siempre que no perjudique a seres queridos que dependan directamente de ti, como tus hijos, por ejemplo, pues, lánzate con todas tus fuerzas. Pero en caso de que si tengas a alguien que dependa de ti. Te pido que tomes todas las precauciones necesarias antes de hacerlo.

Siempre pensando en el bienestar de ellos. Para esto puedes ir creando un fondo o haciendo una inversión en cualquier activo que te genere ingresos extras, para que dado el momento de abortar la misión en la que estés ahora, entonces puedas seguir siendo productivo y sobre todo que con esto evites caer en desesperación.

Ahora bien, quiero hablar de algo muy importante con respecto al hecho de estar tal vez realizando un trabajo para otros, o que sencillamente no es lo tuyo. Mucha gente empieza por trabajar en algo que, aunque no sea lo que quieren, de igual manera deciden apostar por hacerlo. Y aquí quiero hacer énfasis en que a veces no importa que no sea tu verdadera pasión lo que estás haciendo en este momento. Sabes lo que, si es importante, que aprendas de lo que estás haciendo.

Siempre que busques algún empleo o lo que sea en lo que te vayas a desempeñar, procura aprender todo lo que puedas mientras estés ahí. A menudo que tengas más conocimientos en cualquier área de la vida, tu vida propia será más enriquecedora y fascinante.

Qué bueno es poder decir, se hacer esto, lo otro y hasta aquello. Pero mi verdadera pasión es esta. ¡Definitivamente es algo fascinante!

Por eso piensa en esto, de pronto no estás haciendo lo que te apasiona, pero ¿qué de bueno puedes sacar de eso que estás haciendo? Algo puedes obtener que contribuya al desarrollo de lo que en realidad te apasiona.

No tienes que desanimarte porque hasta el momento no has podido comenzar a trabajar en aquello que, si es tu pasión, quizás aún no cuentas con algunas necesarias para hacerlo, pero procura absorber todo el conocimiento que puedas de cada vivencia que tengas. Siempre podrás sacar algo de bueno y productivo que más tarde puede servirte de mucho.

Despierta tu pasión

Pasa que a veces una persona si sabe cuál es su pasión, la tiene bastante clara. Pero no hace nada para sacarle el jugo. En otras palabras, no actúa en base a esa pasión que tiene. Muchas veces esto sucede porque dejan de sentir esa pasión.

Ya sea porque alguien les hizo un comentario negativo, o se burló de su pasión. Cualquier cosa similar. O porque las circunstancias de la vida le obligan en cierto modo a no poder dedicarse a lo que le apasiona. Lo cierto es que terminan dejando que su pasión se duerma y así pasan años y años.

Por ejemplo, a mi padre siempre le apasionó la actuación, siempre le encantó el teatro. Desde pequeños nos enseñó a hacer títeres y a cómo manipularlos. Pero dado a que tenía una familia numerosa a la cual debía sostener, pues todos éramos muy chicos y solo él trabajaba. Mi madre siempre estaba en casa cuidándonos. Entonces mi padre decidió dedicarse a trabajar como mecánico industrial y pasó toda su vida laborando en esa área.

Aunque su pasión era hacer títeres y actuar, interpretar alguna novela y todo lo referente a eso. Dejó que su pasión se durmiera. ¿Y sabes por qué noto que lo hizo? Porque hubo momentos donde por alguna razón, él debía ayudarnos con alguna tarea que tenía que ver con la actuación y podía ver como sus ojos brillaban como si en ese instante esa pasión que sentía por ella se despertara. Siempre sacábamos excelentes notas.

Sé que hay circunstancias que pueden obligarte, así como a mi padre a cambiar de decisión. Pero toma en cuenta que mi papá tiene 60 años actualmente. Estoy hablando de que era otro tiempo el que, a él, le tocó vivir. En la actualidad existen más opciones. Por favor no dejes que tu pasión se ponga a soñar en una triste habitación donde la encierres a dormir por largos años.

Metas estratégicas

Arma un excelente plan, no descanses hasta encontrar la manera de hacer lo que te apasiona. Pero encuéntrala. Sé que lo harás.

Si ya no sientes la misma pasión que una vez sentiste por algo, es posible que está dormida. Tienes que despertarla desde ya y ponerla a brillar. Tú vas a brillar con ella.

Ahora pensaré que tu pasión no está dormida, sino que simplemente no sabes cuál es. Haciéndote estás preguntas puedes descubrir cuál es tu pasión.

1. ¿Estoy llevando mi vida por el camino que quiero o simplemente me estoy dejando arrastrar?
2. ¿Qué actividad o trabajo podría estar dispuesto a hacer cada día sin llegar a cobrar nada a cambio?
3. ¿Has notado que actividad haz hecho alguna vez que haga que pase el tiempo y ni siquiera te des cuenta?
4. ¿Qué te gustaría hacer por el resto de tu vida?
5. ¿Sobre cuál tema puedes pasar horas leyendo sin aburrirte?
6. ¿Cuáles son tus libros preferidos?
7. ¿Envidias a alguien?
8. ¿Qué cosa de lo que haces elegirías cambiar de tu vida, si es que pudieses viajar en el tiempo al pasado?
9. ¿Qué es aquello que hace que se dispare tu creatividad?
10. ¿Qué es lo que más puedes hacer con mucha facilidad?

Si aún no sabes cuál es tu pasión en la vida, espero que estás 10 preguntas te ayuden a saberlo. Respóndelas con sinceridad es sumamente importante que así lo hagas. Y luego ata los cabos.

Para estar seguro de que hayas descubierto tu pasión, te recomiendo que te des un tiempo para ver si realmente lo es. Puedes dedicarle ciertas horas e ir viendo como evolucionas en algunos meses, en cuanto a tu estado de ánimo.

Es muy aconsejable también que puedas buscar personas que se dediquen a eso que crees es tu pasión y preguntarles todo lo que quieras saber. Así podrás dibujar en tu mente una idea de todo lo que representa dedicarte a esa actividad.

Solemos idealizar muchas cosas para más tarde darnos cuenta de que las cosas no son lo que pensábamos. Y llegamos a perder ese interés que nos despertaba.

Saber cuál es tu pasión es un paso muy importante en tu vida para que te conozcas a ti mismo y puedas moldear el mundo que te rodea en tu provecho.

¿Cómo alinear tu pasión con tus acciones?

Lo primero que entra en juego acá, es nuestra mente. Hacía dónde estamos enfocando nuestros pensamientos. Inconscientemente se nos suele pasar el tiempo en una multitud de pensamientos que no van para nada acordes con lo que queremos. Hasta llegar al punto de dirigir nuestra atención a situaciones, conversaciones e ideas que apagan nuestra energía.

Parte importante de que puedas estar alineado a lo que te apasiona son tus energías, ya que ellas son el motor principal de tus acciones.

Para que tu pasión esté en consonancia con tu acción todo lo que necesitas es construir dentro de ti un solo sentir. No puede ser posible que un día te levantes y digas mi pasión es la escritura y pocos meses después decir que tu pasión es la natación. Puede que te gusten ambas cosas, pero no significa que ambas sean tu pasión. Debes tener claro esto.

Digamos que sientes que tu pasión es la escritura como lo es en mi caso. Debo confesar que tengo cierta afición por las libretas y los lápices. También por los libros y las librerías. Entrar a una librería es sentirme que estoy en un universo creado idealmente para mí.

Comúnmente compró libretas, lápices y resaltadores. Nunca me falta una libreta de notas en mi bolso. Además, las principales aplicaciones que tengo en mi Smartphone, son para hacer escritos y documentos.

De la misma manera pasa con cualquier persona que tiene una

pasión por alguna actividad. Siempre está inclinada a eso que tanto le apasiona. Sus acciones están direccionadas a eso que le gusta mucho.

Así puedes alinear tus acciones. Si te apasiona la música, entonces toma clases de música. Si sientes que el canto es tu pasión, ve y toma clases de canto. O si la cocina es tu fuerte y anhelas ser un chef profesional, pues hazlo. Prepárate para ello.

Realiza acciones que por muy pequeñas que parezcan, te ayuden y te acerquen a desarrollar tu pasión. Nunca van a resultar pequeñas si en verdad lo que haces sientes y sabes que te acerca a tu pasión.

¿Cuándo saber que tu pasión está en consonancia con tu accionar en tu diario vivir?

Puede que pienses que has tomado las mejores decisiones y que por ende ya sabes lo que tienes que hacer por tu pasión. Tomas una serie de acciones pero pasado un tiempo te das cuenta de que algo anda mal.

Sientes que no avanzas, como si no estuvieras yendo en el camino correcto. Porque sí, puede que unas veces resulte más fácil ir tras el cumplimiento de una pasión que en otras ocasiones. Todo depende de lo asertivo que estés siendo.

Y ¿cuándo vas a saber si estás en la dirección correcta? Cuando empieces a ver pequeños logros en lo que estás haciendo. Es decir que cuando comiences a ver los resultados de tus acciones. Si ves que son congruentes con lo que te apasiona pues sin duda que vas en la dirección exacta.

Pero si a diferencia de eso todo lo que estás haciendo te está llevando en otra dirección algo está pasando. Tal vez necesites hacer un alto y revisar que anda mal.

¿Por qué es tan importante que tus acciones vayan acordes con lo que te apasiona?

Para esta pregunta tengo varios puntos como respuesta:

1. Porque te embarcan en la dirección que debes seguir: Te indican el camino.
2. Te ayudarán a desarrollar tu pasión: Son tu mejor elección.
3. Porque es lo que te llevará al éxito: Ningún logro llega por arte de magia. Detrás de un gran logro hay mucha acción.

Las buenas acciones producen resultados, las malas resultan en consecuencias.

Como te decía detrás de un gran logro hay mucha acción. Nadie ha logrado nada sin antes haber accionado en base a eso que quería lograr. Por eso es muy necesario saber qué acciones tomar a la hora de hacerlo. No solo hacer las cosas por inercia propia y ya sin ningún fin. Eso no es accionar, eso es estar en modo automático. Y tiende a ser desastroso y desagradable. Invierte tiempo en tu pasión.

Invertir tiempo y energía en tu pasión es un trampolín hacia el éxito personal, profesional, familiar y empresarial. El tiempo es tu mejor aliado en esto de la ejecución de tu pasión.

Habrá momentos en que deberás tomar la decisión de modificar tus metas. Todo dependiendo de lo que quieras, claro está. Pero te aconsejo que seas flexible en hacerlo. Por eso las metas deben ser flexibles.

Hay gente que pierde tiempo y energía en metas en donde por ejemplo su pasión se encuentra en el norte y las metas que se trazan los llevan al sur. En polos totalmente opuestos. Cuando están en el sur recién se dan cuenta y terminan cansados y hasta tristes. ¡Qué lamentable!

Por eso es indispensable y te lo reitero, saber hacia dónde quieres ir y qué es lo que en realidad quieres. Conocer tu pasión y enrumbarte hacia ella. No la dejes escapar, ni dormir. Trabaja en darle cumplimiento a lo que te apasiona. Si tu pasión es la música,

Metas estratégicas

pues, ¿Qué estás esperando para ser el mejor músico de los tiempos? ¡Avanza!

El tiempo es un factor clave para la construcción y consecución de tu pasión. Por eso debes saber invertirlo de la mejor manera posible.

¿Crees que pueda existir algún enemigo para tus metas y tu pasión? Descúbrelo en el siguiente capítulo.

SEIS

Vence tu principal enemigo: tú mismo

No existe un peor enemigo que tú mismo a la hora de hablar de metas y de sueños. Y de cualquier cosa que tenga que ver contigo. Las críticas que alguien más haga sobre ti, no pueden causar ningún efecto malo en ti, siempre y cuando tú no lo permitas. En verdad no tiene por qué afectarte lo que otro diga de ti. Y esto tiene mucho que ver con la seguridad que tienes de ti mismo.

Todo se basa principalmente en que sepas con certeza quién eres. Nada más que eso. Porque cuando te conoces y sabes quién eres no existe comentario que pueda afectar tu crecimiento.

La gente muchas veces cree que cualquiera puede estar en su contra y por eso quieren evitar sus sueños. Una cosa es que alguien esté en tu contra y quiera dañarte y otra es que lo llegues a permitir.

En realidad, tú mismo puedes ser el principal enemigo de tus sueños. Tú eres quien puede definir límites o avanzar más, o sencillamente menos.

Nadie puede llegar a influir tanto en tu vida como para lograr frustrar tus sueños o impedir que cumplas tus metas, al menos que tú mismo lo permitas. De lo contrario no pueden hacerlo.

Sería un terrible fracaso el hecho de que te dejes vencer por ti

Metas estratégicas

mismo. Por el pesimismo, la indecisión, la falta de compromiso y de responsabilidad. El desánimo y el conformismo.

¿Cómo se puede pretender que alguien pueda llegar a alcanzar eso que tanto anhela, si tan solo se conforma con dar el 10% de su potencial? Y a veces ni siquiera eso da.

Voy a desglosar esos factores que nombré antes, que debemos vencer y sacar de nuestra vida. Y más si realmente queremos lograr nuestros propósitos.

1. **El pesimismo:** ¡Craso defecto! Esto es algo que hace volver a la persona intemperante. Es decir, intransigente a pensar que no va a tener éxito y que no va a lograr lo que quiere. Ser pesimista es como estar muerto en vida. Con eso te digo todo. ¡Horrible!
2. **La indecisión:** Terrible también, está hace que un día quieras una cosa, pero al otro día no estás seguro y ahora quieres otra. Terminas indeciso de lo que quieres y por ende tus acciones no pueden fluir.
3. **La falta de compromiso:** Bueno, ya te hablé de este punto antes. Si no se está comprometido con cada objetivo, metas y sueño. Nada bueno va a pasar. No llegarán los resultados.
4. **La irresponsabilidad:** Pasa porque a la persona "le vale madre" lo que pueda pasar por no ser responsable. También ya hice mi aporte sobre está, pero haré un ejemplo práctico. Imagina que dos personas han pautado para verse el lunes a las 3:00 p.m. en un centro comercial. Uno de ellos está en el lugar mucho antes de que sean las tres de la tarde. Mientras el otro personaje decide llegar una hora después de las 3:00 p.m. Francamente no le importa hacer perder tiempo al otro y no tiene ningún respeto por él. La irresponsabilidad es una falta de respeto. Y si se es irresponsable con uno mismo de la misma manera nos estaríamos faltando el respeto a nosotros mismos.
5. **El desánimo:** Este va de la mano con el pesimismo,

una persona pesimista siempre va a sentirse desanimada. Así de sencillo. Y luego de este le sigue la pereza y el desgano.
6. **El conformismo:** Una persona conformista es una persona sin aspiraciones. El peor error que puede llegar a cometer alguien, es decidir quedarse en el conformismo. A las personas conformistas les da lo mismo cómo hacen su trabajo, solo están pendientes de terminar lo que están haciendo sin importar si lo hacen bien o mal. No van más allá de sus límites, viven limitados por la estrechez de sus mentes. Son escasos en todo lo que hacen.

Todas estas cosas se pueden notar en una persona que no está segura, ni sabe quién es en la vida. Como dije antes. No es otra cosa que esto. Por eso es importantísimo que te conozcas a ti mismo.

¿Cómo se pueden vencer cada uno de ellos?

En un ring de boxeo siempre hay dos oponentes, al final alguno de los dos termina ganando la pelea. Puede que sea en el primer round o en los siguientes, pero generalmente siempre hay un ganador.

En este caso vamos a pensar en dos oponentes uno bueno y uno malo. El malo es el pesimismo y el bueno es el optimismo. Quiero que uses tu imaginación por un momento. Imagina un gran público alrededor del ring de boxeo gritando y otros abucheando, todos seguramente han hecho sus apuestas y esperan ganarlas. Esto escenario representaría la gente que siempre está viendo lo que haces. Unos esperan que tengas éxito y otros esperan tu derrota. Lamentablemente es así y sé que lo sabes. Anuncian el primer round: y empieza la batalla.

Ambos con sus guantes de boxeo y sus protectores bucales. Chocan puños para saludarse y suena la campana. Comienza la pelea.

Pesimismo lanza el primer golpe (no voy a poder lograrlo, no soy

Metas estratégicas

tan fuerte, no tengo las capacidades necesarias, soy un inútil, no tengo fe en mí, no sé cómo pelear, soy pésimo en lo que hago) ¡Buuuuu! Se escucha a la gente abuchearlo.

Mientras que optimismo ágilmente esquiva ese golpe y devuelve una tanda de golpes directo a la cara (soy capaz, creo en mí, puedo lograrlo) y luego un par de golpes a las cotillas (soy fuerte, tengo la capacidad necesaria) y por último le da un fuerte golpe a la cabeza (soy el mejor en lo que hago) dejándolo en nocaut.

La gente grita mientras el árbitro hace el contaje reglamentario hasta llegar al número 10. Y le sube los brazos a optimismo quien ahora es el campeón. Lo ha vencido en el primer round, no le dio tregua alguna. Y así debe ser, no hay que darle tregua a estos sentimientos pésimos que tratan de hacer que creamos que no somos lo suficientemente capaces y buenos para lograr nuestras metas.

Y lo mismo sucede con los demás oponentes que pelean entre sí. A la indecisión se le presenta la seguridad y lo vence de inmediato. A la falta de compromiso, el compromiso. A la irresponsabilidad, la responsabilidad. Al desánimo, el esfuerzo. Y al conformismo, el inconformismo.

Aunque esto sea una analogía, quiero que veas lo real que puede ser en tu vida. Cada vez que sientas que algún factor externo o interno quiera venir a influir en ti, con la excusa de ayudarte, pero lo único que logra es alejarte de tus objetivos.

Tienes que vencerlo de inmediato, impedírselo a como dé lugar. Tu principal enemigo eres tú mismo. Si no tienes cuidado de ti, pronto te verás afectado por las consecuencias de haberlo hecho.

Hay momentos en la vida en los que nos hemos propuesto cumplir ciertas metas y comenzamos el camino. Pero resulta qué miramos hacia los lados mientras vamos en el viaje y hasta nos detenemos para mirar bien, creyendo que alguien está dispuesto a llenar de escombros el camino.

Y estamos pendientes de eso solamente. Al punto de llegar a ver a nuestros propios amigos con desconfianza. Mientras siguen pasando los días y nos mantenemos enfocados en eso, en vez de enfocarnos en nosotros mismos.

Hablo en plural para que no creas que a mí no me ha sucedido. Por eso sé bien de lo que te estoy hablando.

¿Cuántas veces has llegado a sentirte maltratado y humillado?

Todos alguna vez nos hemos sentido así y lo hemos superado, otros aún están en ese proceso de superación y otros no hacen nada para superarlo. Los últimos son los que deciden quedarse en el fango.

Espero que no seas uno del último grupo. Pero si lo eres, sé sincero contigo mismo y pon mucha atención a las siguientes líneas. Te serán de mucha ayuda.

Al pasar el tiempo estas personas que han sufrido algún tipo de maltrato o humillación, tienden a creer que lo han superado. Solo porque ya ha pasado mucho tiempo desde que tuvieron esa experiencia negativa. Pero no es así y se convierten en personas que ejercen ese rechazo contra ellos mismos sin ser conscientes de ello. Y es ahí donde terminan por convertirse en su peor enemigo.

Son personas con baja autoestima, llena de inseguridades, frustraciones, miedos y culpas. Si te cuesta valorarte, apreciarte, aceptarte cómo eres y no reconoces lo capaz que puedes llegar a ser en lograr cualquier cosa que quieras. Es probable que te estés convirtiendo en tu peor enemigo.

Tú mismo puedes ser tu enemigo y no los demás. Ya te dije antes nadie puede afectar tu vida en una mala manera, a menos de que seas tú quien se lo permitas.

Eres tú el que decide aceptar o no, las críticas, juicios y opiniones que otro realizan sobre ti con el fin de dañarte. Debes estar claro y convencido en ¿qué es lo que mereces? Si sabes que no mereces, ni eres lo malo que otros dicen sobre ti. Opta por no aceptar sus comentarios y listo.

Aunque llegas a dudar de quien eres alguna vez, te aconsejo que te alejes de personas o situaciones que creen en ti esas dudas y fortalezcas tu criterio propio sobre quién eres.

Metas estratégicas

¿Cómo dejar de ser tu peor enemigo?

Ya has visto que puedes usar lo opuesto a cualquier actitud mala que tengas. Si te sientes deprimido, vence la depresión haciendo algo que te guste, que te relaje y que te haga sentir feliz. Y así con todo.

Además, acéptate cómo eres y llénate de mucha seguridad. No aceptes los mensajes negativos que lleguen contra ti sin antes haberlos cuestionado.

Aprende a equivocarte. Perdiendo también se gana. Pisotea tu ego cuando se quiera elevar y llenarte de arrogancia.

Las equivocaciones no son una vergüenza, solo son algo de lo que se puede aprender mucho para hacerlo mejor después. No puede haber aprendizaje sin equivocación. No pretendas agradar a todo el mundo. No vas a poder hacerlo intentes lo que intentes.

No te compares con nadie. Eres único. Sé auténtico y nada más. Eres irremplazable, estás lleno de defectos, pero también de virtudes y habilidades. Ten confianza en ti mismo. No te preocupes por lo que piensen los demás de ti. Confía en ti. No seas como los demás quieren que seas.

Llénate de seguridad. Tienes que estar convencido de quién eres. Que nada ni nadie pueda moverte de tus convicciones. Toma buenas decisiones. Tus decisiones marcan tu vida. No permitas que nadie decida por ti. Aléjate del que dirán.

Piensa que no necesitas ser perfecto. En serio no lo necesitas, además es imposible que lo seas. El perfeccionismo no es el camino, esa no es la respuesta.

Intenta progresar y vive tal y como eres. No dejes que nada te paralice. Solo avanza. No escuches a la voz del fracaso. Está en tus manos el no ser tu propio enemigo.

Muchas veces no auto saboteamos sin darnos cuenta y creemos que son las personas de afuera las que son culpables de los que nos sucede.

¿Cómo puedes saber si te estás auto saboteando?

Resulta que nunca procuras dormir temprano y dormir las horas que deberías. Colocas una alarma para despertarte y cuando ésta suena, la pospones varias veces o la descartas para seguir durmiendo.

Dejas todo para última hora. Te has vuelto adicto al café. Ya sientes que te duele la cabeza si no lo tomas. Llegas a sobrepasar tus límites de alcohol. Comes todo lo que encuentres. Vives para comer, no comes para vivir.

Usas el celular desmedidamente y te gastas la batería aun sabiendo que estás esperando una llamada importante. Tienes el mal hábito de llegar tarde a todos lados. Lo sabes y no haces nada al respecto. Eres impuntual a la hora de entregar algún pendiente. Compras cosas que no puedes pagar y que no necesitas. No estableces prioridades en ningún momento. Te gustan las apuestas y las haces a menudo, pero no recuerdas la última vez que ganaste una. Puede que te sientas identificado con alguno de estos ítems, pero pienses que esto no es contigo.

Por otro lado, no te subestimes como tu propio enemigo. No te confíes en pensar que puedes tener control de ti mismo y ya no necesitas estar precavido. Porque puedes controlar tus acciones.

Sino empiezas por aprender a manejar tus pensamientos, no vas a poder controlar lo que haces. Los pensamientos anteceden a las acciones.

Trabaja en ti, fortalece tus capacidades, vence en ti todo aquello que te haga sentir incapaz, que no te deje avanzar. Comienza desde tu interior para que el resultado pueda verse en lo exterior. Llénate de fe en ti mismo. Crea buenos hábitos.

Si has sido impuntual comienza por intentar ser puntual. Haz algo que realmente produzca un cambio en tu vida para mejor. Si eres una persona impaciente, práctica ser paciente entonces. No te desesperes y cuando sientas desesperarte, concéntrate en que necesitas aprender a ser paciente.

Tú puedes dar más de ti, no te conformes con menos de lo que mereces. Da lo mejor de ti en todo. Si te sientes estancado quiero preguntarte ¿qué estás haciendo para salir de ese estancamiento? Es

Metas estratégicas

tu responsabilidad, es solo tuya salir o no salir de ahí. No es de nadie más. Asume tu situación con responsabilidad.

Los lamentos no llevan al crecimiento, el asumir las situaciones si te hace crecer. Si eres alguien que no se preocupa por crecer y vive lamentándose por cualquier situación que vive entonces necesitas inminentemente vencerte a ti mismo como enemigo.

Por favor hazte la siguiente pregunta ¿Estoy creciendo todos los días o estoy en el mismo plano que hace 1 o 2 años atrás? Si la respuesta es sí, felicidades. Pero si es no, entonces este es el momento para empezar a crecer. Todo lo que tienes que hacer es poner en práctica todos los consejos que te he dejado acá.

SIETE

Establécete indicadores de progreso

Un indicador es una característica específica, medible y observable. Que se usa para mostrar los cambios y progresos establecidos en un programa que se está usando para el logro de un resultado específico.

Debe existir un indicador por cada resultado. El indicador representa el cambio medido del progreso que ha tenido el programa en lo que se espera.

El indicador debe dar los datos necesarios en lo que se espera medir. Debe ser específico y no ambiguo.

Características de los indicadores buenos

- **Válido:** Que contenga información de la medición exacta de una práctica o tarea. Mostrando el resultado esperado de la intervención.
- **Confiable:** Tiene que ser medible de forma consistente a lo largo del tiempo. De una misma forma, por distintos observadores.
- **Preciso:** Claro y conciso.

- **Medible:** Cuantificable, que se pueda medir usando herramientas y métodos disponibles.
- **Oportuno:** apropiados en términos de las metas.
- **Importante programáticamente:** Que esté vinculado a la consecución de los objetivos del programa.

Consideraciones al elegir indicadores

Es importante definir los indicadores en términos claros. Cuanto más definido este un indicador, baja el número de posibilidades de dar lugar a confusiones o complicaciones posteriores.

Tipos de indicadores de desempeño.

- **Indicadores de desempeño de los procesos:** Se basan en cómo realizar alguna tarea, midiendo el desempeño de cada uno, al momento de lograr ciertos objetivos. Los indicadores deben ser calculados por un índice, representado generalmente por un número. Que retrate el progreso del programa.
- **Indicadores de rendimiento estratégico:** Funcionan en pro de comprobar si se están cumpliendo los objetivos establecidos. Son una herramienta muy utilizada para la determinación de los objetivos. Esto aplica para cualquier tipo de objetivos, ya sean personales o empresariales.

Es bueno que antes de iniciar un proyecto tengas en mente algunos indicadores que te ayuden a ir midiendo el progreso que más adelante estés teniendo. Así podrás saber si estás yendo por buen camino. Puedes hacer una lista de estos indicadores.

¿Cómo establecer un indicador?

Lo primero que debes tener muy en cuenta es que debes estar seguro del objetivo que buscas medir o cuantificar, antes de establecer un indicador. Cuida que el indicador sea directo, que cuantifique de forma real tu objetivo.

Si te cuesta definir un indicador puede que lo que necesites hacer sea tener más claro tu objetivo. Luego de que tengas claro tu objetivo, entonces podrás lograr la definición del indicador.

Un indicador es una escala numérica, no es una acción, ni tampoco el nombre de la medición. Un indicador se debe poder expresar en diferentes magnitudes. En una escala. Y es necesario asegurarse de que en esa escala se puedan reflejar los resultados del cumplimiento del objetivo.

Debe ser fácil de representar gráficamente. El indicador debe ser probado en una gráfica para ver si es capaz de representar distintos resultados o niveles de desempeño.

Además, debe ser confiable. Que cuente con que los datos producidos son correctos, para que generen confianza a la hora de tomar decisiones. Y sobre todo debe ser fácil de medir. El proceso de medición debe ser, si fuera posible, capaz de ser automatizado.

Debe contar con datos actualizados de fecha y hora. Y se debe reportar en forma oportuna. Con el fin de poder tomar decisiones anticipadamente, en caso de que haya algún problema que pueda estar afectando los objetivos. Si un indicador no es oportuno y llega tarde pierde totalmente su efectividad.

Debe ser económico. Que el costo del indicador sea una pequeña parte o fracción del beneficio que se espera alcanzar con su implementación.

Al momento de que un indicador se encuentra claramente establecido se debe pasar a la etapa de implementación. Esto implica hacer tablas y gráficos y la ficha de un indicador.

En pocas palabras los indicadores te hacen la vida más fácil. Mira algunos ejemplos de indicadores de progreso. Este primer ejemplo aplica si uno de tus objetivos es vender.

Crecimiento en ventas.

Primero se debe enmarcar el indicador en periodos de tiempo específicos. Como por ejemplo días, trimestre, semestre y año.
Con el propósito de comparar los datos en cada tiempo definido.

- Número de ventas: Semanales, mensuales, semestrales, anuales.
- Número de ventas por producto.
- Promedio de compra.
- ¿Cuántas órdenes de clientes hay mensualmente?
- Promedio de valor de la venta.

Ejemplos de indicadores

Los indicadores además de representar algo que puedes medir con confianza. Te ayudan a saber si se está gestando algún problema en tus objetivos. Los números nunca mienten.

Otros ejemplos de indicadores que puedes aplicar en distintas áreas de tu vida son:

- **En cuanto a tu salud:** Puedes definir indicadores de progreso sobre la cantidad de cigarrillos que estás dejando de fumar diariamente. Los minutos que estás dedicando al ejercicio diario y semanal.
- **En tus finanzas:** Define indicadores que te ayuden a saber, el porcentaje de tu salario que estás ahorrando mensualmente o el porcentaje de dinero que ya no gastas en cosas innecesarias en el último mes.
- **En tu trabajo:** Un buen indicador sería el definir un par de horas específicas de la semana para hacer alguna actividad que se relacione con tu proyecto y le de avance.
- **En tu actitud:** Sí, hasta para esto puedes definir

indicadores de progreso. ¿Quién no quiere progresar todo lo que sea posible en su propia actitud ante la vida? Todos queremos ser constantes en lo que hacemos y ahí tiene mucha parte la actitud. Puedes anotar el número de acciones que realizaste para solucionar problemas. Otra cosa sería hacer algún tipo de trabajo en vez de distraerte con cosas innecesarias.

- **En tu entorno:** ¿Qué has hecho o puedes hacer por lo que te rodea? Puedes medir las horas sociales que pasas en alguna actividad con tus vecinos. El número de árboles que has plantado al año para ayudar al planeta.
- **En tus relaciones:** ¿Te gusta pasar tiempo de calidad con las personas que más amas? A mí me encanta. No hay otra cosa que me guste más. Para esto puedes establecer indicadores como la cantidad de tiempo que estás pasando con tu familia a la semana. Los minutos que dedicas a jugar o salir con tus hijos al día o semanalmente. Las horas que hablas con tu pareja a diario.
- **En lo que respecta a diversión:** Siempre debemos sacar tiempo para divertirnos. No es bueno saturarnos de trabajo y no pensar en ningún momento de diversión. Para esto si sientes que te falta el tiempo, también puedes definir indicadores que te ayuden a sacar momento para divertirte.

Pueden ser por ejemplo minutos para meditar, número de veces que irás al spa cada 6 meses. Horas al mes en que pasarás haciendo lo que más te divierte.

Reglas básicas para definir indicadores de progreso

1. **Conecta tu indicador con tu objetivo:** Para que un indicador sea útil debe estar conectado con tu objetivo. Si tu objetivo es perder peso puedes usar un indicador

que represente la evolución de tu peso y cuánto quieres perder por día.
2. **Tus objetivos son tu punto de referencia para establecer un indicador:** Al definir tus objetivos puedes medir tu desempeño personal usando los indicadores.
3. **Iniciativa:** Sin iniciativa no podrás lograr alcanzar tus objetivos. Si tu meta es bajar de peso haciendo 30 minutos de ejercicio al día, pero no estás notando el resultado que quieres. Puedes intentar hacer otra cosa que te dé el resultado previsto.
4. **Haz un seguimiento por escrito:** No hay nada mejor que tener por escrito las cosas. Las palabras se las lleva el viento. Además de eso no podemos retener tanta información en nuestra mente, por el hecho de que constantemente vivimos ocupados. Tener por escrito un seguimiento de tus indicadores de progreso son una excelente herramienta de medición.

Con indicadores de progreso podrás mejorar tu día a día. Así que define todos los que sean necesarios.

¿Cómo medir los indicadores de progreso?

- **Elige indicadores cualitativos o cuantitativos:** Aunque los indicadores cuantitativos puedan parecer complicados, pueden resultar mejor que los cualitativos.
- **Toma de datos, preferiblemente de forma gráfica:** Haz una hoja de cálculo y observa tu evolución con una gráfica.
- **Crea un hábito donde reflexiones diariamente acerca de tus indicadores:** Puedes elegir entre la primera hora de tu día al levantarte o el momento en que te vas a la cama, procurando que estos sean momentos oportunos para que puedas pensar en cómo

ha ido tu día y ver si has podido ajustarte a tus objetivos. Unos 10 minutos serán suficientes.
- **Crea un programa para celebrar tus logros:** Este punto es bastante clave, es muy importante que sepas reconocer todos tus esfuerzos. Además, te servirá de motivación para seguir disfrutando de tu trabajo.

Al final todo esto te lleva a un camino. Tal vez piensas que puede ser complicado, pero realmente no lo es. Ese camino a largo plazo, te llevará a mejorar tu calidad de vida.

Usar indicadores para tu productividad personal o empresarial puede ser algo simple pero lo cierto es que es muy eficaz. Si quieres ser realmente eficaz y cumplir tus objetivos debes establecer indicadores que midan tu progreso.

Ten en cuenta que los indicadores que hayas definido, Irán cambiando con el paso del tiempo, ya sea porque estés comenzando una nueva fase en tu vida. O tal vez por algunas circunstancias, o los sueños y aspiraciones que llegues a tener en cada momento. Así que deberás modificarlos para que evolucionen contigo.

¿Ya has pensado por dónde empezar? ¿Qué indicadores tienes en mente? Te aconsejo que en este momento busques donde apuntar y comiences a crear una lista de indicadores. Recuerda pensar bien en cada uno de tus objetivos y desde ahí define los indicadores que necesitas para cumplirlos. Anota cada indicador y comienza a trabajar para lograr eso que te has propuesto.

Con los indicadores de progreso puedes estar al tanto en si estás cumpliendo o no, con lo que has dicho que harás. Es decir, tal vez definiste un indicador sobre estudiar 2 horas al día de algún idioma. Pero pasada una semana, revisas tu planificación y ves que no has estado practicando ni siquiera 10 minutos ningún nuevo idioma.

Entonces ¿estás siendo eficaz o no? No, porque tu progreso aún no ha comenzado. Sigues en el mismo punto y no tienes ni la remota idea de cómo hablar en un idioma diferente.

Así mismo sucede con cualquier tipo de indicador que hayas trazado. ¿Puedes ver la gran importancia que tienen los indicadores en el cumplimiento de nuestros proyectos? Es mucha.

Metas estratégicas

A ver ¿cómo se puede mejorar algo que no se ha medido? La medición es la que te hace saber que tan bueno estás siendo en algo, o que tanto, algo te está llevando en verdad a desarrollar y cumplir con tus objetivos. De lo contrario no podemos saber la verdadera información. Y solo podemos suponer que quizás estamos fallando en algo, pero no sabemos en qué cosa.

Por eso es también importante tener en cuenta esto al momento de establecer o formular algún indicador. Para poder evaluar bien el progreso.

Entonces si son muy importantes, es porque ellos te permiten medir el nivel del progreso de cumplimiento de estrategias, objetivos, procesos y actividades.

Dado a que la medición es objetiva se puede controlar la gestión de lo que estás haciendo. Cuando controlas la gestión puedes tomar acciones para corregir, prevenir y mejorar todo lo que sea necesario y potenciar tu crecimiento.

Ahora bien, para saber si estás teniendo el resultado que esperas. Debes hacer una comparación entre el resultado que ya has tenido y el nuevo. Y desde ahí, hacer un contraste para llegar a la conclusión de si has tenido éxito o no.

No todos los indicadores tienen éxito por su incremento o son considerados un fracaso cuando se reducen. Eso dependerá del indicador que se haya definido.

Espero que te sea de mucha utilidad este tema y puedas comenzar desde ya ha practicarlo. En verdad deseo que obtengas los resultados que tanto esperas tener, mejorando tu calidad de vida.

OCHO

Crea un calendario de objetivos

Ha llegado el momento de hablar sobre la importancia de crear un calendario de objetivos. Para ello vamos a responder una serie de preguntas que puedan ayudarte a ver y a entender sobre su importancia.

¿Qué es un calendario de objetivos?

Es la forma en la que puedes organizar tu tiempo. Estableciendo fechas y horas a favor de cada uno de los objetivos que esperas lograr.

Es una excelente y muy útil herramienta con la que puedes sistematizar el transcurso del tiempo para el cumplimiento de tus objetivos. Y organizar cronológicamente todas tus actividades.

Es un referente, algo que puedes ver, tocar cada día, incluso modificar. Es algo que puedes revisar, planificar y que sobre todo te facilita y te ayuda marcar un rumbo a seguir día a día.

¿Para qué necesitas un calendario de objetivos?

Precisamente para organizarte y de esta manera ser más productivo, con el fin de cumplir con todos o la mayoría de tus objetivos.
Considera esto como una necesidad. Debes crear un calendario si quieres ser ordenado y llevar un control de tus objetivos.

¿Cuál es su función principal?

Un calendario de objetivos, tiene como función principal la organización y estructuración de los distintos objetivos que se planean alcanzar.
Además, establece una secuencia y un orden de los objetivos ya planificados. Con un calendario puedes verificar las fechas en las que tienes propuesto cumplir cierto objetivo.
Es decir, te brinda una mayor planificación. De hecho, un calendario es un elemento fiel en medio de una buena planificación y estrategia.

¿Cómo se elabora un calendario de objetivos?

Para elaborar un calendario de tus objetivos, comienza por definir fechas en las que vas a realizar acciones que sean parte del cumplimiento de tus objetivos. Supongamos que cuentas con cinco objetivos que necesitas cumplir al cabo de un año. Para esto te aconsejo tomar algún calendario, incluso si puedes hacer uno tú mismo, estaría perfecto.
Luego fíjate bien en tu lista de objetivos y sé razonable a la hora de definir lo que harás en una fecha determinada en tu nuevo calendario. Quiero decir que siempre tus acciones sean realistas y flexibles.
Como ejemplo de una acción que no sería nada realista sería algo así como este caso: Podemos suponer que has definido cumplir un objetivo el día 6 de octubre. Ese objetivo es lograr bajar 15 kg de peso.
Sin embargo, resulta que comienzas a hacer algo para cumplir

ese objetivo el día 1 de octubre. ¿Es en serio? Obviamente es imposible que lo logres.

Eso no pasaría si además de tener hecho un calendario, lo cumples. Así que procura definir de ante mano los días en qué harías todo lo posible por lograr que cuando subas a la balanza, ese día que has puesto como finalización de tu objetivo, puedas ver como se reflejan 15 kg menos de grasa en tu cuerpo.

De pronto a veces no podrás cumplir el día exacto, y te invito a que eso no te desanime. Sin embargo, siempre y cuando te hayas acercado lo más posible al día que estableciste como meta, no habrá ninguna pérdida. La próxima vez podrás mejorar aún más, ya lo verás. Y eso dependerá de la exigencia que te pongas a ti mismo.

Por otro lado, no estoy diciendo con esto que puedes darte el lujo de cumplir tu objetivo cuando sea. Solo porque no te estás esforzando por lograrlo y tú mismo estás siendo consciente de ello.

Otra forma de crear un calendario de objetivos es que para que no te parezca muy largo el tiempo desde enero hasta diciembre. Que lo hagas en 4 trimestres con objetivos bien definidos y claros.

¿Qué beneficio obtienes por usar un calendario de objetivos?

No solo vas a obtener un beneficio, más bien terminarás obteniendo varios. Acá te voy a dejar algunos de estos beneficios:

- Te ayuda a pensar en el largo plazo. Solemos pensar en el hoy y tal vez en lo que haremos mañana, pero a veces no pasamos de ahí. No vemos más allá y se nos olvida lo que teníamos que hacer. Para eso sirve un calendario, para no olvidar nada.
- Aportaras valor a tus objetivos y a ti mismo. Se nota que estás haciendo uso de herramientas, eso habla de compromiso. Sabes a donde te diriges.
- Te mantienes lleno de ideas y nada de que tu mente esté

Metas estratégicas

en blanco. Ya tienes una programación hecha y más bien vas a sumarle a eso.
- Tus objetivos se convierten en realidades. Un calendario te permite hacer realidad tus estrategias y objetivos.

¿En qué lugar debe permanecer el calendario?

Preferiblemente en un lugar visible. En tu lugar de trabajo, o donde comúnmente sueles pasar más tiempo.

Con esto lograrás:

- Claridad en tu trabajo. Podrás tener presente cada día tus objetivos. Te acompañarán siempre.
- Trabajarás para conseguirlos. Fijando en tus planificaciones las tareas y acciones orientadas a conseguir esos objetivos.
- Conseguirás un efecto motivador. Te sentirás motivado y alerta de lograr tus objetivos y metas.
- Hacer revisiones. Todo sistema necesita revisión constante en cuanto al avance en los objetivos. Así puedes conocer de primera mano el punto en el que te encuentras, tomar decisiones, modificar algún objetivo o darle un impulso.

¿Qué debe contener un calendario de objetivos?

1. Objetivos completamente claros y precisos.
2. Los pasos a dar para cumplir esos objetivos.
3. La respuesta a las siguientes preguntas: **a)** ¿Qué?, **b)** ¿Cuándo?, **c)** ¿Dónde?, **d)** ¿Cómo?, **e)** ¿Por qué?
4. Planificación anual. Objetivos a corto plazo.

5. Planificación mensual. Ideas para desarrollar.
6. Planificación semanal. Consecución de las metas previas.

¿Por qué es importante crear un calendario de objetivos?

Su importancia radica en la estructuración que podemos tener al momento de crearlo. Nos beneficia muchísimo, no es una cuestión ligera, ni se puede llegar a pensar o creer que no necesitamos uno y listo. Si realmente te gusta la planificación vas a tener como opción fundamental crear un calendario de todos tus objetivos. Y no solo porque te guste ser planificado, sino porque realmente lo necesitas. Literalmente se vuelve una necesidad muy importante de cubrir. No te miento.

Quiero que entiendas algo, yo puedo darte infinidades de tips y formas de cómo puedes crear tu calendario de objetivos. Pero en realidad me gustaría que sepas que tú mismo eres quien debe establecer su forma de hacerlo.

Hazlo a tu manera, es decir como mejor lo entiendas. Que en verdad sea útil y factible para ti, pues eres tú la persona que va a seguirlo. Te recomiendo que no le pidas a otro que lo haga por ti en caso de que solo tenga planificado tus objetivos personales. Será mucho mejor si lo haces tú mismo personalmente.

Puedes usar desde una hoja bond A4, hasta una pizarra acrílica grande. Eso depende de tus gustos. Usa resaltadores y distintos colores con los que puedas agrupar las acciones que llevarás a cabo en cada objetivo. Si gustas coloca fotografías que tengan que ver con tus objetivos.

Así podrás visualizar constantemente lo que quieres lograr. No únicamente en letras sino también en imágenes. Crea collages. Haz todo lo que se te ocurra. Usa tu creatividad.

Mientras más a tu gusto lo hagas y sientas que te llena de emoción verlo todos los días, su uso y resultado serán mayor. No olvides colocar de alguna forma una verificación (check) de lo que ya has cumplido.

Metas estratégicas

De manera que puedas ir viendo el progreso que estas teniendo. Y si por alguna razón fallaste en algo, haz la observación y usa el plan B que tengas. Pero de cualquier manera lo que debes tratar de hacer siempre, es perseguir cada objetivo sin saltarte ninguno. No desistas por nada.

De allí la importancia de contar con esta buena herramienta. Sin duda que te facilita la misión de vida que has emprendido.

Sí, así mismo, los objetivos que tenemos son parte de nuestra vida y de cómo decidimos vivirla. ¿Sabes por qué digo esto? Porque cuando vivimos sin objetivos, francamente pienso que decir que estamos vivos es una rotunda y fatal mentira.

¿Acaso puede un auto moverse sin combustible? Por supuesto que no, al menos que lo empujen y para esto no se necesitaría una sola persona, al menos no para un auto grande y pesado. Igual sucede con nosotros. Nuestros objetivos son parte de nuestro combustible que nos hace mover todos los días. De la misma manera que lo son nuestros hijos, padres y familia. Así de bueno y sencillo es esto.

Una persona que vive sin objetivos, anda muerta en vida. ¡Pensarás que estoy siendo muy radical! Pero esto es una gran verdad. Y si una persona así, aún tiene algo de vida, estoy segura de camina a empujones como un automóvil sin combustible. ¡Terrible!

Es posible que una persona de estas, tenga una madre que le dice, "Hijo levántate, ya es medio día y no hay nada para comer" pero, el parasito de hijo que tiene, no quiere levantarse. Disculpa si mi lenguaje llega a sonar duro de momento.

Pero esto que digo son casos reales que he visto. Y estoy hablando de personas con más de 20 años de edad. ¡Una pesadilla!

La gente con objetivos, se plantea y ha establecido objetivos porque quiere progresar en la vida. Porque ama a sus hijos, a sus padres o familia. Y en caso de que no tenga ninguno de estos. Igualmente los tiene por sí mismo.

Porque quiere ser mejor cada día. No se conforma con vivir escasamente en todo sentido. Por eso tiene metas, sueña y llena el tanque de su vida cada día con combustible de calidad.

Los objetivos se establecen para ser logrados a corto, mediano o largo plazo. Es verdad que unos llevan mucho más tiempo que otros, pero eso no quiere decir que unos sean más difíciles que otros.

Nunca llegues a comparar tu éxito personal con el de alguien más. El éxito es progresivo. Y pienso que no tiene un límite o estándar que defina que alguien es o no, una persona exitosa.

Independientemente del trabajo que desempeñe una persona, no significa que tenga mayor o menor éxito que el otro. Es decir, un albañil puede ser tan exitoso en lo que hace, como un arquitecto que hizo su primer plano de construcción. Lo mismo que la persona de limpieza que limpia los salones de una escuela, como la maestra que educa a los niños.

Lo que intento decir es que no importa cuál sea tu objetivo, no importa si a otro le parece tonto, o absurdo. Si para ti no lo es, persíguelo y alcánzalo. Y cuando lo hayas hecho, disfrútalo.

Ya sabes, los objetivos se hicieron para cumplirlos. ¿Cómo puedes ser más efectivo para cumplirlos? Creando un calendario de objetivos. ¿Ya tienes uno? ¿Qué esperas para empezar a crearlo?

Me encantaría ver cómo te ha quedado cuando lo hagas, si me fuera posible. Me alegraría mucho por saber que has puesto en práctica lo que te he dicho. ¡Sería fantástico!

Una cosa más, a veces no es que haya personas que no tienen objetivos, si los tienen. Pero nunca o muy difícilmente llegan a cumplirlos. Pasa que no se planifican, no tienen ningún orden. Simplemente dicen: ¡Este año voy a comprar mi casa! Y suenan más a exclamación que a otra cosa. Otros dicen así: ¿Será que este año me compro mi casa? Y se escuchan en un tono preguntándose, si realmente, es necesario para ellos el tener una casa propia. Y hay otro grupo que suelen decir: ¿Cuándo será el día que llegue a comprarme mi propia casa? Lo ven como algo inalcanzable.

Entonces, ¿Son o no son objetivos? Claro que lo son. Todos quieren una casa propia. Solo que su objetivo no tiene ni cabeza ni pies, por así decirlo. No tiene cuerpo, es decir, no tiene estructura alguna y así no se puede alcanzar un objetivo. Primero se deben tener bien definidos para que luego ya sea a corto, mediano o a largo plazo se les dé cumplimiento.

NUEVE

Diseña tu tablero de control

¿Alguna vez has visto el tablero de control de un avión? Imagino que al menos en una imagen sí. Al igual que yo. La cosa es que, si te fijas, tiene un montón de botones. Cada uno con una función específica, ninguno está ahí por pura decoración o por alguna otra razón que no sea el buen funcionamiento del avión.

Más fácil, imagino que obviamente has visto el tablero de un auto. Este contiene una serie de indicadores que mejoran la calidad y el funcionamiento del auto. En el sentido que te permiten ver a ti, cómo está funcionando el auto.

Es cierto que puede conducirse sin un tablero, pero la pregunta sería ¿Estarías dispuesto a hacerlo? Es obvio que no. Por la sencilla razón de que estarías en completo desconocimiento de su funcionamiento. Y totalmente expuesto a quedarte accidentado en cualquier lugar. Imposibilitando tu viaje.

Así mismo sucede cuando no podemos ver indicadores de cómo van funcionando nuestros objetivos para el alcance o cumplimiento de nuestras metas. Podemos quedarnos a mitad del camino.

De manera que debes diseñar un tablero de control para ti, para tus objetivos. Para esto quiero que sepas a continuación.

¿Qué es un tablero de control y para qué sirve?

Se conoce también como Cuadro de Mando Integral (CMI) o tablero de comando. En ingles balanced scorecard.

Se usa para la planeación estratégica personal o de una empresa. Ayuda a contener toda la información actualizada y accesible para llevar un control del cumplimiento de los objetivos y metas trazados. Basándose en criterios de medición, traducidos en indicadores.

Como bien lo resalta su mismo nombre, un tablero de control es un medio que puedes usar para dar funcionamiento y/o controlar algo.

Así como el control del televisor, por ejemplo, que sirve para encenderlo, cambiar los canales, subir y bajar el volumen y para muchas otras funciones más.

O como el teclado de una computadora, donde cada tecla tiene una función específica y te ayuda a crear algo.

También se puede definir como una estructura de la administración y operación de nuestros objetivos y metas. Basándonos en la filosofía de tener una mejora continua en nuestra visión estratégica.

A decir verdad, todas las cosas necesitan tener un control. Un botón de encendido y apagado. Lo que intento decir es que, si diseñas tu propio tablero de control, puedes funcionar mejor en todo lo que te propongas hacer.

En este caso un tablero de control te permite monitorear de una manera rápida, visual y efectiva mediante el uso de indicadores organizados, la gestión de aspectos, que consideres claves para el desarrollo y cumplimiento de tus objetivos y metas estratégicas.

¿Para qué sirve un tablero de control?

Sirve para distinguir, detectar y ayudarte a enfocarte en tomar mejores decisiones, acerca de señales que te orienten cómo está funcionando todo lo que quieras evaluar.

Exactamente igual que al tablero de un auto, donde puedes ver

Metas estratégicas

la información de tu reserva de combustible, el nivel de aceite, la velocidad, la temperatura del auto, el promedio del consumo y otros indicadores más.

Armar tu tablero de control, te invita a crear tu propio diseño con los indicadores que consideres clave.

Si lo haces tú mismo podrás definir cuándo deberían encenderse ciertas alarmas de alerta. Así como cuando se enciende una luz de alerta en el tablero del auto, cuando a este ya le queda poco combustible. O como cuando la aguja de la temperatura empieza a subir indicando que el motor se ha calentado más de lo normal.

Y con esto lograr definir qué acciones vas a tomar para hacer realidad los objetivos que te planteaste.

Imagina por un momento lo terrible que sería viajar en un auto sin tablero, o en un avión sin tablero más catastrófico aún. ¿Cómo te sentirías? Estoy segura de que ni siquiera podrías viajar ante un caso así.

Por lo tanto, un tablero de control sirve para llevar indicadores y no llevarlos es como viajar por una ruta sin luz.

Objetivos principales de un tablero de control

Estos son algunos objetivos prácticos que te muestran la relevancia de diseñar un tablero de control para tus metas:

- Medir los avances y cumplimiento de las estrategias y los objetivos.
- Alinear los indicadores y las metas en la dirección correcta.
- Organizar resultados e indicadores de procesos, con el plan estratégico.
- Identificar los distintos tipos de indicadores existentes en un proceso (De entrada y salida, de eficiencia y eficacia, de calidad, productividad, e impacto).
- Sincronizar los objetivos y las metas.
- Alineamiento y realineamiento de los objetivos,

estrategias y metas propuestas.
- Orientar los esfuerzos hacia el cumplimiento y la satisfacción de las metas.

Claves para diseñar un tablero de control

No basta simplemente con crear un tablero de control y hacerlo de la forma que sea. Lo importante es que realmente funcione y sea efectivo. ¿Qué hace que un tablero de control sea eficaz? Sencillo. Lo que en realidad lo hace efectivo es que comunique un mensaje de forma clara.

Es decir que puedas ver cada uno de los detalles que harán parte en tus objetivos y sobre todo que veas su rendimiento. Un tablero de control bien diseñado mostrará tu desempeño. Es así de claro y puntual.

Tu tablero de control debe incluir datos con gráficas visuales de fácil interpretación que te ayuden a ver el color de los indicadores por ejemplo y saber si se está o no cumpliendo con el objetivo planteado.

Suponiendo que tu objetivo es llegar a 10.000 seguidores en Instagram este año. Tienes un perfil donde generas contenido de valor sobre desarrollo personal, por ejemplo. Entonces diseñas tu tablero de control lo que sería algo como:

- Creas una gráfica de cuantos seguidores tienes a la fecha. Es decir, actualmente cuántos seguidores tienes. Colocas el número de seguidores y la fecha.
- Creas indicadores que te indiquen cuanta interacción están teniendo tus publicaciones.
- Haz dos columnas, una que diga seguidores y otra donde menciones cuantos te dejaron de seguir.
- Creas un calendario de publicaciones. Programa la hora de tus publicaciones.
- Haz tu propia gráfica de métricas y estadísticas por cada

publicación y encárgate de medir cada resultado.
- Establece indicadores de alerta. Puedes colocar alarmas en tu celular para que te recuerde que debes crear tu próxima publicación o si olvidaste publicar algo.

Hay muchas formas de diseñar un tablero de control, pero quiero reiterarte algo muy importante y es el hecho de que lo mejor que puedes hacer, es hacerlo en la mejor forma posible como más se adapte a ti, a tu entendimiento. O sea, como mejor lo entiendas, por eso es tuyo. Es personal.

Usa tu creatividad, yo solo te estoy dando algunas indicaciones, para que puedas comenzar. Pero sé que eres capaz de hacerlo mucho mejor. Usa tus propios métodos y medios. Lo que si verdaderamente importa es que logres hacerlo para que puedas hacerle un seguimiento a tu desempeño. Ahora te voy a hablar de algo muy importante en una forma mucho más específica.

¿En qué te ayuda o te beneficia tener un tablero de control?

Todos buscamos siempre un beneficio en todo, tal vez puedas pensar y preguntarte ¿Para qué voy a hacer un tablero de control? No tengo tiempo para hacer eso, estoy muy ocupado, eso solo me quitará parte de mi tiempo que tengo muy poco. Y un montón de argumentos más.

Hasta decir, un tablero de control no me va a dar dinero. Sí, muchas veces queremos todo rápido y al momento. Sin darnos cuenta que todo en la vida viene o va acompañado de un proceso, lapso o momento. Como quieras llamarle.

Cuando un tablero de control pasa de ser un sistema de indicadores a ser un sistema de administración, es cuando más aporta sus beneficios.

Entonces en qué te beneficia realmente el hecho de que crees tú tablero de control

1. En que vas a llevar un control de lo que estas

desempeñando.
2. Vas a ver un seguimiento de tus acciones tomadas para alcanzar tus objetivos.
3. Puedes llevar métricas y estadísticas. Lo que no se mide no se puede mejorar.
4. Tienes la oportunidad de establecer alertas de deficiencia en alguno de tus objetivos.
5. Puedes conocer tu ritmo. Tu dirección.
6. En saber qué tienes y qué te hace falta.
7. En que es un factor más que aporta en el desarrollo de tus metas y objetivos.

Como dije antes, a veces queremos que las cosas sucedan en un pestañeo, es decir en un abrir y cerrar de ojos. Nos cuesta aceptar y tener la paciencia que se necesita para construir las metas y los objetivos que tenemos.

Todo se consuma paso a paso, los mejores resultados provienen de los mejores y mayores esfuerzos. Si vas a acelerarte que sea para ponerle muchas ganas a tus objetivos y que tus acciones sean proactivas. Pero si en cambio tu aceleramiento es para desenfocarte, desesperarte o terminar desanimándote, entonces mejor ve paso a paso y disfruta el recorrido.

Tal vez esto sobre diseñar un tablero de control ya lo habías leído, o escuchado. Incluso llegaste a hacerlo una vez, pero sientes que no te funciono. ¿Acaso las cosas que son nuevas para ti, alguna vez suelen funcionar a la primera? ¿Cuándo aprendiste a manejar bicicleta, aprendiste sin ruedas en el primer intento? O ¿Cuándo viste tu primera clase en la universidad, dicha clase te hizo enseguida un médico cirujano? Por supuesto que no.

Te llevó un proceso aprender a manejar esa bicicleta que tanto pediste. Y pasaron 6 años para que pudieras tener un diploma de médico cirujano.

¿Me sigues? Si no te funcionó la vez que lo hiciste o si tal vez es la primera vez que vas a hacerlo y resulta que no sucede lo que esperas. No quiere decir que la implementación de un tablero de control sea una tontería, o un recurso que no sirve para nada.

Metas estratégicas

Te invito a seguir intentándolo. Cambia el método, por eso te digo que debes ser flexible ante lo que tú mismo creas o diseñas para ti. Si por ejemplo lo hiciste con dibujos y gráficas, pero no te funciono. Hazlo con textos, con cuadros, o mapas mentales. Usa cualquier recurso que te ayude y sobre todo que tú puedas entender. Ahí está la verdadera clave de tu éxito en esto.

Te digo esto porque viene a mi mente el recuerdo de una amiga que, en su primer año de la carrera de medicina, le hizo una llamada telefónica a su madre, diciéndole con lágrimas de desesperación que ya no lo intentaría más, que dejaría la carrera y que no era buena para ello. Su madre solo le dijo: Hija, cambia el método de estudio.

Luego mi amiga se dio cuenta de que la forma en que mejor captaba su cerebro las cosas era a través de las imágenes, entonces empezó a dibujar y de esa manera estudiaba. Pasados 5 años se graduó. Y no solo eso, sino que en su promoción habían más de 450 graduandos. Y ella quedó entre las mejores 10 de la promoción.

Así que todo va en cómo tú entiendas las cosas. Anímate a diseñar tu tablero de control y sé el mejor. Cumple tus objetivos y metas.

Hacer tu propio diseño conlleva a que puedes elegir qué quieres hacer y que puedes hacer. Nadie mejor que tú mismo sabe lo que puedes hacer y lo que no. Por eso es tu trabajo hacerlo.

En conclusión, un tablero de control es una metodología que sirve como herramienta para la planificación y administración estratégica de tus metas u objetivos. Es un sistema de autocontrol y mejora continua.

Además, es importante porque facilita la toma de decisiones como ya mencioné, y permite detectar las desviaciones de los planes, programas y estrategias, para luego decidir las medidas correctivas.

Fíjate lo importante que es en este respecto que, teniendo un tablero de control, no solo podrás ver las deficiencias que se presenten en el progreso del cumplimiento de tus logros. Sino que también puedes decidir qué hacer para corregir esas deficiencias. ¡Absolutamente fabuloso!

DIEZ

Mantén el aprendizaje

¡Vaya! El aprendizaje. Soy fan número uno del conocimiento y el aprendizaje. Considero que mientras más podamos aprender de todo lo que sea posible, aportamos mucho más valor a nuestra vida.

La verdadera riqueza no se encuentra en la cuenta bancaria de alguien, más bien creo que se encuentra en una mente llena de conocimiento. Eso sí, siempre y cuando ese conocimiento este bien canalizado por la persona. Donde su ego no se suba por las nubes, llegando a creerse más que los demás.

Puesto que considero que todos los seres humanos somos ignorantes en algo. Claro está que no podemos saberlo todo. Debemos ser bien consientes de esto.

Así que mientras más conocimiento en diferentes áreas tengas, procura canalizar bien ese conocimiento. Pero sobre todo procura mantenerlo. No lo desaproveches.

Las bases del aprendizaje

Hemos hablado de una serie de temas muy importantes, en los capí-

Metas estratégicas

tulos anteriores. Espero que hayas aprendido muchas cosas nuevas y reforzado otras que ya sabías.

Lo que más deseo es que mantengas ese aprendizaje y el que te falta obtener de los siguientes capítulos, luego de este.

Más allá de eso, vamos a enfocarnos también en el aprendizaje que se puede tener de todo el proceso y recorrido en la persecución y consecución de una meta.

En un momento dado nos hemos propuesto diferentes metas, seguidamente realizamos una excelente planeación, establecimos indicadores de progreso, creamos un calendario de objetivos y diseñamos nuestro tablero de control.

Entonces decidimos lanzarnos y emprendemos el camino, y resulta que en el proceso no encontramos con distintas situaciones que se vuelven obstáculos en nuestro transitar. Aparece la niebla y dificulta la visión, llegan los fuertes vientos y sacuden nuestro barco.

En fin, ocurren cosas que nos desestabilizan y llegamos al punto de preguntarnos ¿Qué hice mal? ¿Qué punto me salte?

Y no se trata de que hayas hecho algo mal o no, se trata de que el verdadero aprendizaje viene cargado de obstáculos, de pruebas difíciles, de momentos duros, de situaciones que parecen estar en nuestra contra.

Y eso no tiene nada de malo, más bien debes verlo como algo que debes disfrutar. Hay dos formas de aprender en la vida.

La primera es escuchando los consejos de otro que ya vivió lo que estas por vivir. Y la segunda es por tu propia experiencia. Y esta última está cargada de duro golpes muchas veces.

Pero la realidad es que muy poca gente aprende de las experiencias de otro. Porque deciden vivir las suyas propias y no estoy diciendo que hagan mal. Cada quien decide cómo quiere aprender. Ahora lo cierto es que aprender por uno mismo no es igual que aprender de un tutor.

De alguien que guie en el camino y te diga ese camino de allá te devuelve a este mismo punto, así que toma ese otro camino que te lleva al próximo paso.

Y así con todo en la vida. Esto es una realidad. Entonces todo el aprendizaje que obtengas del camino o el progreso hacia el cumplimiento de tus logros trata de mantenerlo siempre y si es posible compártelo con otros.

Hay personas que si eligen por seguir las buenas instrucciones de otros y su camino se les hace un poco más fácil. Espero que tú seas uno de ellos. Si estás leyendo esto es porque puede que si lo seas. Vamos a estudiar por encima las bases del aprendizaje y algunos otros putos que te ayuden a mantenerlo.

Aprender es el proceso por el cual obtenemos una determinada información y la almacenamos en nuestro cerebro. Hasta utilizarla cuando nos parezca necesario. Puede ser de forma mental, como, por ejemplo, recuerdo de algún concepto o dato. O instrumental, como realizar alguna tarea.

En todo caso recibimos cierta información que luego es almacenada en nuestro cerebro y la utilizamos cuando sea necesario.

Para esto existen procesos esenciales como la motivación, la atención, la memoria y la comunicación.

- La atención: Nuestro cerebro tiene la capacidad de regular la atención, esto haciendo que orientemos hacia algo en concreto y nos desentendamos de los demás estímulos, con el fin de prepararnos para captar el mensaje que nos llega.
- La motivación: Es lo que nos impulsa y capacita para ejecutar una actividad. Mientras más motivados estemos más atención pondremos en algo.
- La memoria: Nos permite registrar, codificar, además consolidar y almacenar la información de modo que, al necesitarla, podamos acceder a ella.
- La comunicación: Esta es fundamental para captar todo tipo de información verbal, sea visual o auditiva. Dando como resultado aprenderla.

¿Por qué es importante mantener el aprendizaje?

Metas estratégicas

La gente que suele recibir información y decide desagradecidamente no aprovecharla o ignorarla. No comprende sobre la importancia de mantener lo aprendido. ¿Alguna vez has escuchado decir de alguien, que esa persona sabe de todo? Tal vez no sepa de todo exactamente, pero es un decir muy común para referirse a alguien que cada vez que tiene la oportunidad de hablar de algo, o le preguntan sobre algo, esa persona siempre tiene una respuesta y es asertiva, para variar. Lo que sucede quizás es que sea alguien que se preocupa por mantener lo que aprende.

Como te estaba diciendo, si tú has tenido una baja en alguno de tus objetivos y lograste descubrir cuál fue el factor o que fue lo que provoco esa baja. Pues mantén ese aprendizaje no lo desaproveches.

Por eso es sumamente importante mantener el aprendizaje. Primero porque si lo haces, puedes evitar repetir algo en lo que hayas fallado, segundo porque podrás avanzar más rápido y tercero porque puedes ayudar a otros con tus conocimientos adquiridos.

Por otro lado, imagina que has llegado hasta este punto de la lectura y todo lo que has leído, que espero este enriqueciendo tu vida. Decidas sencillamente no ponerlo en práctica y dejarlo a un lado. Si así fuera te invito a no seguir leyendo.

Pero si piensas poner en práctica estos consejos y si además pudieses compartirlos, sigue adelante estimado lector.

Te digo de esta manera porque sencillamente las cosas realmente buenas y con sentido han dejado de valorarse, se han desestimado a tal punto que se volvieron para muchos algo retrogrado o antiguo. Y claro que eso no es cierto, en lo absoluto que no.

Ahora, mucha gente tiende a tomar prioridad por leer memes o textos de ocio, en vez de leer escritura inteligente, creativa e interesante. Que realmente le aporte algo bueno a su formación como persona.

Nunca dejes de formarte como persona

¿Consideras que conoces todo lo que deberías conocer porque estudiaste unos años en la universidad ya ya está? Pues no. No es así.

Mientras más puedas aprender y enriquecer tu ser con buen conocimiento, mucho mejor para ti. No has terminado de crecer. Date la oportunidad de seguir aprendiendo de todo lo que sea necesario.

El día que dejes de formarte como persona, considera el hecho de que estarás perdiendo un montón de oportunidades invaluables que te ofrece el crecimiento a través del conocimiento y el aprendizaje.

Formarse como persona es, primeramente, entender que no basta solo con vivir la vida por vivirla. El verdadero crecimiento personal nace de una formación genuina. Donde te dedicas a ti antes que, a otros, para luego si poder aportar valor a otras personas. Nadie puede dar de lo que no tiene.

De allí la gran importancia de formarse como persona. Porque no solo es para tu propio beneficio, aunque inicialmente si lo sea. Después será para beneficio de otros más si así determinas que sea.

La única manera para dejar de aprender es presenciar la muerte física. Ahí si ya no hay nada que hacer. Pero mientras se está vivo nunca dejamos de aprender, por mucha edad que pueda tener una persona siempre está aprendiendo algo nuevo. Todos los días.

El reto está en mantener lo aprendido, tú puedes crear hábitos en ti de receptividad para almacenar de forma adecuada la información sin llegar a olvidarla del todo.

En un mundo como el que estamos viviendo si te das cuenta el ritmo acelerado de vida que estamos llevando los seres humanos, hace que sea un poco más difícil retener tanta información. Esto se debe al desborde de información que existe en la actualidad.

Por eso es necesario tener esto claro, para que luego no repercuta de mala manera en nosotros. Yo te recomiendo que, si te gusta leer, empieces a leer de forma sistemática.

Así podrás organizar de forma más fácil todas tus ideas y el conocimiento adquirido. Me paso una vez que dado a que me gusta mucho el Marketing Digital, inicie el estudio de forma autodidacta. Pase horas y horas todos los días por espacio de 1 año y medio leyendo sin descansar, haciendo cursos online y viendo un sinfín de vídeos de Marketing Digital.

Para mi sorpresa pude darme cuenta que fue bueno en parte lo que estaba haciendo, pero no fue muy bueno del todo o tan efectivo como debió ser. ¿Por qué? Por la sencilla razón de que luego me di cuenta que tenía en mi cerebro un montón de información, nada sistematizada y no tenía idea de cómo comenzar a poner en práctica lo que había aprendido.

Hasta que conocí a alguien, un buen amigo, que me ayudo a direccionar mis ideas y sobre todo a ponerlas en orden.

Definitivamente yo tenía en mi mente un completo cumulo de información sin ningún orden y eso producía en mi frustración, por no entender cuál era el primer paso que debía dar. ¿Para eso había estudiado más de 8 horas diarias por tanto tiempo? Imagina mi nivel de frustración.

Por eso te aconsejo a tomar una línea de estudio si eres un autodidacta como yo. Comienza desde el principio a ordenar todas y cada una de tus ideas.

Así pasa hoy con la información, vemos una cosa, otra cosa y otra más. Y al final resulta que terminamos perdidos en un océano infinito de información.

Así que no basta con aprender algo, es necesario sistematizar lo aprendido, ordenarlo. Procurar tener definidos una serie de pasos, como especie de nemotecnias que nos ayuden a identificar y a recordar lo que hemos aprendido.

Hábitos para mantener el aprendizaje

Un hábito de aprendizaje determina nuestro buen desempeño académico. Es el mejor y más potente predictor del éxito académico que esperas tener.

Aquí te dejo algunos para seguir:

- Tomar apuntes. Este es un punto esencial para mantener el aprendizaje obtenido. Las palabras o ideas tienden a olvidarse y la mejor forma de recordarlas es tomando apuntes.

- Crea asociaciones mentales. Puedes asociar tus nuevos conocimientos con lo que ya sabes. Haz uso de acrónimos, rimas, analogías y reglas mnemónicas.
- Procura concentrarte en repeticiones. Mantener la concentración es sumamente difícil y más por la cantidad de distracciones que surgen a cada instante. Por eso, enfoca tu cerebro en unas cuantas repeticiones que se queden en tu memoria.
- Enséñale a alguien más. Cuando explicas lo que has aprendido a otra persona, te sirve para reforzar lo aprendido. Ya que necesitas utilizar tus capacidades de síntesis y creatividad para que la persona que te escucha pueda entender.
- Práctica. Lleva los conocimientos teóricos al ámbito práctico. Supongamos que estás estudiando otro idioma, puedes visitar un lugar donde hablen dicho idioma e intentar platicar con personas de ese lugar.
- Ejercita tu cerebro. El cerebro cuenta con la extraordinaria capacidad de regenerarse tanto anatómica como funcionalmente. Lo que se conoce como plasticidad. Puedes hacer ejercicios cerebrales que activen y fortalezcan la plasticidad cerebral. Crucigramas, sudoku, o juegos de palabras.

Como puedes ver si existe la posibilidad de retener la mayor cantidad de información aprendida posible. No es una falacia. Desarrolla hábitos de aprendizaje que te ayuden a mantener lo que has aprendido. Pero por favor te pido que hagas todo lo posible por ponerlo en práctica.

ONCE

Detente y evalúa tu desempeño

¿Has visto alguna vez un caballo desbocado? Cuando un caballo se desboca quiere decir que no hay nada que lo detenga. Puede llevarse lo que sea por delante. Es como si enloqueciera. Ni siquiera su jinete puede detenerlo. Incluso es capaz de matar a alguien que se atraviese en su camino. Y lo hace sin querer.

Me disculpo por hacer esta comparación con lo que diré, pero por favor no intentemos ser como caballos desbocados.

En la consecución de tus metas estratégicas y tus objetivos es muy importante el hecho de detenerse a evaluar el desempeño que se está alcanzando o logrando. Por eso es necesario hacer un alto y parar en ciertos momentos.

No vas a ganar nada si emprendes algo con toda la planificación posible y todos los demás factores necesarios, pero no evalúas tu desempeño en lo que estás haciendo. Sin ánimos de ofender serias similar a un caballo desbocado.

¿Cómo saber cuándo se debe hacer un alto y por qué?

Una de las razones principales por las que debemos parar, es para revisar nuestro plan. Mi recomendación es que además de mantenerte al tanto de las posibles alertas que llegues a identificar en el proceso de conseguir tus logros.

Es que establezcas un día exacto en el cual te dedicarás a revisar de forma contundente todo lo que has hecho hasta ese punto para que puedas saber lo que has logrado.

Algo similar a hacer un inventario de artículos o productos de una empresa. Cada empresa establece un día en el cual realizará un inventario con el fin de conocer la cantidad de sus productos, y de esa manera saber si ha tenido algún desbalance, alguna perdida o en los peores casos un robo de su mercancía.

De la misma manera puedes definir un día para revisar tu plan de acción, puede ser a mitad de año, o cada tres meses. Como mejor te parezca a ti.

Lo que en realidad importa es que lo hagas. Eso te ayudará a visualizar los resultados que estas teniendo y si hay errores podrás resolverlos.

Sin embargo, habrá momentos donde tendrás repentinamente que detenerte y evaluar lo que está ocurriendo por motivos de peso mayor.

Entonces ya que sabes cuándo debes detenerte, ahora veamos por qué debes hacerlo con un ejemplo.

Te pongo el mismo ejemplo de una empresa que vende repuestos de automóviles, Dicha empresa cuenta con un inventario de mercancía de piezas o partes mecánicas y otras eléctricas.

La empresa contrata un nuevo vendedor. Y tiene pensado hacer su inventario de la misma forma como lo ha venido haciendo mensualmente o cada trimestre de año.

Sin embargo, esta vez lo deja pasar y se demora más de un año en hacer su inventario. Cuando por fin se digna a hacerlo, resulta que se percata de que tiene un gran déficit de mercancía de piezas pequeñas.

Lo que no sabe aún es que el nuevo empleado que contrato, ha estado substrayendo mercancía durante todo ese tiempo.

Hasta que después de realizar una investigación que además le ha restado tiempo y dinero, descubre la causa de su perdida.

Metas estratégicas

¿Qué hubiese pasado si esta empresa hubiera hecho de forma regular su inventario? Lo más seguro es que no habría tenido esa pérdida o al menos no la misma perdida.

Es esa la diferencia en no detenerse y evaluar nuestro trabajo. No podemos pensar que ya todo está bien porque estamos viendo resultados y que no hace falta hacer un evalúo para mejorar.

Imagina que estas teniendo buenos resultados, genial verdad. Pero si haces un evalúo y te das cuenta que puedes hacer algo mayor o diferente que te traerá mayores resultados ¿acaso no estarías dispuesto a hacerlo? Por supuesto que sí.

Todos siempre queremos más y mejores resultados. Pero que si emprendes el viaje y optas por no detenerte un momento y solo sigues adelante, puede que llegues bien a tus logros, pero quizás pudiste haber llegado mejor.

Es posible que alguna vez hayas hecho un viaje largo en un autobús, un viaje de 24 horas, por ejemplo. Lago no larguísimo, yo lo he hecho una vez. El autobús salió con nosotros los pasajeros a bordo, a las 9:00 p. m. Viajamos durante toda la noche, recuerdo haberme quedado dormida profundamente, a la mañana siguiente el autobús se detuvo y todos pudimos desayunar y hacer otro tipo de cosas.

Estuvimos una hora en esa parada y luego emprendimos de nuevo el viaje. Pasadas unas 8 horas más volvió a detenerse y pudimos bajar del autobús nuevamente, esta vez para estirar nuestras piernas y cuerpo. Y poder ingerir algo de comida. Es un viaje muy agotador. Luego subimos nuevamente hasta llegar a nuestro destino.

¿Ves cómo todo en la vida necesita hacer un alto? Así como esos ejemplos podría hacerte muchos más, pero sé que ya tienes la idea clara de lo que trato de decirte.

Por lo tanto, procura tomarte el tiempo para hacer un alto en tu recorrido hacia tus metas. Eso te ahorrará más tiempo y hasta dinero. Frustraciones y malos momentos.

Para evaluar tu desempeño puedes hacer una medición de lo que estás haciendo. Fíjate en el desarrollo que están teniendo tus objetivos y estrategias. Ve si puedes mejorarlos aún más.

Sé que hay objetivos que toman más tiempo que otros, pero siempre se puede intentar ser mejor en lo que se hace.

También puedes evaluar y ver si puedes implementar algo que refuerce tu estrategia. Vamos a suponer que hace 6 meses iniciaste un proyecto y que dicho proyecto cuenta con una estrategia. Pero resulta que hace un mes aprendiste algo nuevo y te das cuenta de que puedes usarlo en tu estrategia.

Para poder hacerlo debes reestructurar tu estrategia y amerita que la pongas en pausa mientras lo haces. Eso no tienes nada de malo, como bien puedes notar y no quiere decir que te está quitando tiempo. Al contrario, siempre que sea para mejorar puedes implementar todo lo nuevo que tengas.

Así sea que el próximo mes de nuevo tengas que volver a reestructurar, hazlo. Es tu estrategia y eres tú quien va a evaluar si está funcionando o no está funcionando.

¿Cómo saber si el desempeño que estás teniendo es el adecuado?

Ahora que ya te detuviste a ver cómo vas, es momento de que definas con honestidad y de la forma más genuina posible si realmente estás teniendo un buen desempeño o si en cambio tu desempeño está siendo muy bajo.

Para eso debes ser sincero contigo mismo y reconocer que pudiste haberlo hecho mucho mejor, pero no decidiste esforzarte para lograrlo. Después de eso toma la decisión de comprometerte mucho más y en verdad con tu progreso y el cumplimiento de tus objetivos y metas.

Otra cosa que puedes hacer para mejorar tu desempeño es exigirte a ti mismo. Muchas veces nos sentimos muy cansados por todo lo que debemos hacer diariamente, ya sea en nuestro lugar de trabajo o con nuestros hijos, o familia. Que se nos hace muy difícil cumplir con aquello que solo podemos hacerlo nosotros mismos.

Es precisamente ese el momento para exigirse más, tienes que creer que tus metas son tan importantes como lo es tu trabajo y hasta más, porque si logras tus metas puede que salgas de ese trabajo que quizás te quita mucha parte de tu energía.

De manera que la razón principal para hacer un evalúo de nuestro desempeño es claramente ver nuestro rendimiento.

¿Estoy teniendo un buen rendimiento? ¿Me estoy atrasando o voy a buen ritmo? ¿Cómo puedo mejorar mi desempeño? ¿Por qué es tan bajo mi rendimiento? Estás y otras preguntas más puedes hacértelas. Solo recuerda responderlas con la mayor sinceridad posible.

Establece indicadores de desempeño

Los indicadores de desempeño son instrumentos que te proporcionarán información cuantitativa referente a tu desenvolvimiento y logros.

Los puedes definir de la misma forma como los indicadores de progreso de los cuales ya te hablé anteriormente. Para que puedas llevar un control de tu desempeño.

Así que si deseas tener más claridad acerca del rendimiento que estás teniendo no olvides definir indicadores que puedan ayudarte a medir tu desempeño.

La medición del desempeño que estés teniendo te ayuda a implementar estrategias y afinar tu eficacia en tus logros y metas.

Finalidades para las que se debe evaluar el desempeño

- Medir el potencial en el desarrollo de las tareas.
- Establecer estándares para medir la productividad.
- Detectar necesidades.
- Evaluar la productividad.
- Actualizar datos.
- Mejorar estrategias.

Objetivos de la evaluación del desempeño

- Verificar el cumplimiento de los objetivos y los estándares. Es importante verificar el progreso que estamos teniendo, con el fin de percatarnos que en realidad estemos en el camino correcto.
- Valorar periódicamente el aporte que se está dando. Regularmente se debe valorar nuestro aporte ofrecido para cada objetivo que se estima cumplir.
- Medir y determinar con precisión el rendimiento que estamos teniendo. Volvemos al punto de lo importante que es medir. Recuerda que lo que no se mide sencillamente no se puede mejorar.
- Mejorar el desempeño o rendimiento. Conocer sobre el desempeño que estamos teniendo, nos proporciona gran ayuda para mejorar ese rendimiento. En cambio, el desconocimiento nos mantiene en un punto ciego.
- Proporcionar datos para la medición del cumplimiento de nuestros logros o metas. Los números ayudan mucho al momento de querer mejorar.
- Detectar necesidades con el fin de proveernos de capacitación. Si existe alguna necesidad que pueda imposibilitarnos a la hora de cumplir uno de nuestros objetivos, debemos cubrir esa necesidad. Y la mejor forma de hacerlo es capacitándonos.

Con todo lo expuesto ya puedes ver con más claridad la enorme importancia que tiene detenerse para evaluar el desempeño o rendimiento que estás teniendo.

Comienza a evaluar tu desempeño lo más pronto posible si aún no lo has hecho. Hazlo paso a paso, evalúa cada estrategia y cada objetivo. Fijándote en el rendimiento de cada uno. Esto te ayudará prontamente a cumplir y hasta superar las expectativas previas.

Por otro lado, puede que hasta este punto sientas que son muchas cosas las que debes hacer cuando tienes una meta. Muchos pasos que seguir. Y eso te lleve a decir que mejor no haces nada o

Metas estratégicas

tan solo optas por hacer lo mismo de siempre. Tomar una hoja y hacer una lista de metas cada nuevo año, para que luego al final de ese mismo año, te encuentres con la repetida y triste historia de que no lograste nada, o menos del 10% de tus metas propuestas.

Sé que los capítulos anteriores hablan de las cosas que puedes hacer para alcanzar tus metas y por eso llegues a pensar que son muchos puntos. Tal vez te aburra el hecho de saber todo lo que tienes que hacer para ser más efectivo para conseguir tus logros.

Y si es así y estoy en lo correcto, que espero que no, te repito, puede que este tema no sea realmente para ti.

Si llegaste hasta este capítulo y estás pensando lo que he dicho hace un momento. Imagina como será tu rendimiento si en algún caso defines una meta. No creo que sea nada bueno en realidad.

Estos temas los he creado para gente que está dispuesta y comprometida con ser exitosa. Para personas que quieren explotar su potencial y planean llegar muy lejos.

Exactamente por ahí se comienza a medir el desempeño de una persona. Así que no lo veas tan complicado de lograr. Es muy sencillo siempre y cuando le pongas tu empeño. Y aún si se tornara difícil, estoy segura de que vas a lograr superar cualquier momento de dificultad.

Para eso he dicho varias veces que en todos estos puntos puedes y debes ser flexible. Sin embargo, en la evaluación de tu desempeño procura ser mucho más exigente contigo mismo. Pero hazlo sin llegar al extremo de sentirte fracasado. Ten cuidado siempre de los extremos.

¿Qué te parece si seguimos adelante? En el siguiente capítulo voy a hablarte de algo sumamente importante. ¡Vamos acompáñame!

DOCE

¿Dónde estás y dónde quisieras estar?

Está es una estupenda pregunta para hacerte a ti mismo. ¿Dónde estás? ¿Lo sabes? ¿Sabes en qué lugar te encuentras hoy? Y no me refiero enteramente a un espacio físico, hablo de ti. ¿Dónde te encuentras? ¿En qué momento de tu vida sientes que estás? En uno bueno, regular o en un mal momento.

¿Estás dónde años o meses atrás planeaste estar? ¿O te quedaste en el mismo sitio? ¿avanzaste algo? Son muchas preguntas a la vez, lo sé. Pero no intento abrumarte con ellas, solo quiero captar tu atención en este punto tan importante.

Necesito que veas la seriedad del asunto, que veas su importancia, la necesidad de concentración que requiere. Y sobre todo que puedas recibir toda la información posible acerca de este lindo tema.

En este capítulo quiero hablarte sobre está gran pregunta que muchas veces nos hemos hecho. ¿Dónde estoy y a dónde quiero llegar?

Ahora bien, lo más importante para saber a dónde queremos llegar, es saber en dónde estamos. Si no existe un punto de partida será muy complejo encontrar un punto final.

Por eso es muy importante que sepas dónde te encuentras ahora

Metas estratégicas

mismo. Podrás decirme que en tu casa o tal vez en un parque mientras lees esto. Pero no se trata de donde estás físicamente como ya lo dije antes. Más bien se trata de saber en qué punto de tu vida te encuentras. ¿Qué quiere decir esto exactamente?

En la vida hay etapas por las que atravesamos y esas etapas es a lo que llamo puntos. Por ejemplo, cuando estamos en la escuela estamos en una etapa, al ir a la universidad iniciamos una nueva etapa. Así mismo cuando nos casamos, luego cuando tenemos hijos. Después nos hacemos viejos y por último llegamos a la etapa de la muerte.

En esta última etapa ya no se puede hacer nada, pero en las demás se pueden lograr muchas cosas. También está la etapa de ser un empleado o ser un emprendedor que es un empleador. ¿En qué etapa te encuentras tú?

Suele ser un poco difícil conocer a alguien que no tenga aspiraciones en la vida. La mayoría de las personas sueña con alcanzar sus metas. Es muy probable que tú seas uno de esos soñadores. Sino no estarías leyendo estas líneas.

No sé cuáles sean tus aspiraciones, o tus sueños. Pero estoy segura de que los tienes. Y de qué aún, no estás en el lugar a dónde quieres llegar. Incluso yo no lo estoy aún, pero me preparo para ello, continúo día a día en mi preparación, la cual me acercara a cada una de mis metas y sueños.

No importa en qué etapa de tu vida te encuentres ahora mismo, lo que verdaderamente sí importa, es que tengas la necesidad inminente dentro de ti, de querer salir de dónde estás.

No porque dónde estás sea malo, tal vez no lo es, o tal vez sí, tú lo sabes. Si no más bien porque sientas que puedes ir más allá, que puedes llegar más lejos y que puedes ser mejor.

Entonces, ¿cómo lograrlo? ¿Cómo puedes moverte de un punto donde has estado, quizás por mucho tiempo y moverte a otro punto nuevo? lo cual implica moverte de tu zona de Confort. Implica nuevos retos, nuevas metas, muchísimo más esfuerzo, mucha dedicación y hasta valentía.

Sí, porque los cobardes no se mueven, y los conformistas se quedan dónde están. Pero los valientes, levantan su mirada y ven el horizonte que tienen por delante. Y es cuando deciden emprender el camino hacia una nueva etapa.

Pero, ¿qué es realmente aquello que necesitas para esto? O sea, ¿cómo vas a llegar a dónde quieres llegar? Valga la redundancia. Pues, con una sola cosa, con tu accionar. Palabra clave: Acción.

La acción que decidas tomar desde este punto de tu vida dónde estás ahora, será lo que va a determinar que puedas llegar al lugar que has decidido. De repente no va a ser nada fácil. Eso lo sé o dime algo, ¿Cuántas veces has dicho que harás algo y sencillamente no lo has hecho?

Es posible que muchas veces. ¿Sabes por qué? porque realmente cuesta mucho tomar acción. A veces nos pasamos la vida adquiriendo conocimiento que no ponemos en práctica. Resulta una cosa difícil tomar acción, poner en práctica lo aprendido.

Es más, podría decirte sin temor a que pienses que soy una cobarde. Que muchas veces a mí también me costó mucho tomar acción en mi vida. Para poder llegar a dónde estoy hoy, y no estoy diciendo que haya llegado a dónde quería. Aún estoy en el proceso. Y hasta considero que el punto donde quiero llegar, va a terminar el día que me muera. Cuando me vaya de esta tierra.

Porque no se trata de que quieras llegar a un punto y ya listo. Llegaste a ese punto, te quedaste ahí y ya no pasa nada. No, se trata de escalar, es decir, estás en un punto hoy y tienes en mente llegar a otro punto próximamente. A otra etapa de tu vida, así que tienes que decidir que cuando llegues a una etapa tendrás que moverte a otra más. No puedes quedarte ahí.

Realmente eso es crecimiento. Estar en constante movimiento. De etapa a etapa sabiendo que cada una de estas etapas, vienen repletas o están llenas de sueños. De metas y objetivos por cumplir. Suena fascinante, ¿cierto?

Pues sí, verdaderamente lo es. Entonces ya sabes que lo primero que debes hacer es tomar la decisión y la determinación de accionar, de moverte en la dirección que va a llevarte a dónde quieres estar.

Metas estratégicas

¿Qué puedes hacer para lograr moverte de donde estás?

¿Por qué formulo esta pregunta? Porque puedes decir: Bueno voy a accionar en este momento de mi vida y voy a llegar muy lejos, o voy a llegar al lugar donde quiero estar.

Pero resulta que te tomas el camino incorrecto. Por ejemplo, ¿cuál sería el camino correcto para una persona que quiere ser abogado? Pues, que dicha persona, se inscriba en la universidad para estudiar la carrera de derecho.

Luego empieza su carrera, lo que quiere decir que está tomando un camino correcto. Porque al cabo de 5 años recibirá un diploma dónde va a estar escrito su nombre como un nuevo abogado.

Ahora, ¿cuál sería un camino incorrecto para esta persona que quiere ser abogado? Pues, imagina que se inscribe en la Facultad de Medicina, sería una locura. Obviamente no va a ser un abogado.

Entonces, supongamos que tú quieres ser un gran empresario. Pues, comienza desde abajo. ¿Qué talento tienes? ¿En qué cosa eres bueno? ¿Ya lo descubriste? ¿Ya lo sabes?

Lo que verdaderamente te hará ser un gran empresario y uno exitoso. Es que pongas en práctica ese talento que tienes, eso que te apasiona, que te llena y te hace sentir pleno.

Comienza el camino, no veas los obstáculos. Y si los ves, que sea para esquivarlos, no para quedarte ahí parado viéndolos como te entorpecen el camino. Más bien que sea para quitarlos y seguir avanzando.

¿Cuál sería el camino correcto que deberías tomar para llegar a ser un gran empresario? Pues, la inversión.

Debes invertir todo lo que puedas y cuando tengas tus primeras ganancias, reinvertirlas en tu negocio o tu empresa. Ahí se encuentra el secreto para poder llegar lejos. En la reinversión y la buena administración, de hecho, que estos serían dos factores muy importantes en el cumplimiento de tu sueño de tu meta.

¿Qué hacer con los miedos que vienen azotarte y a decirte qué no vas a poder llegar a ningún lado?

En este caso lo primero que debes hacer es, confiar en ti mismo. No te queda de otra. Creer en ti, tener la convicción de qué vas a lograrlo y segundo, usar cada uno de esos miedos cómo impulso. Como combustible para llenarte, recargarte y salir adelante con mayor ímpetu y más fuerza.

Los miedos puedes usarlos a tu favor. Siempre y cuando no les permitas qué te enclaustren, que te dobleguen y te atemoricen. Porque ¿sabes lo que lograrán? Paralizarte. Y si te paralizan estás perdido, o te costará mucho salir de allí. Porque eso es lo que mejor sabe hacer el miedo, si te dejas llenar de él, te paraliza, te impide moverte.

Así que, lo que tienes que hacer nada más es, mirar al frente. Céntrate en tu meta, persigue el camino, continúa en la dirección que comenzaste si sabes que realmente es buena. Y que va a llevarte a dónde quieres llegar.

No importa si aparece el miedo, tienes que combatirlo y usarlo para llegar más lejos. No todo el tiempo el miedo es malo, realmente lo es, cuando le permites que dañe tu vida.

Otra cosa que puede interferir en tu caminar, en esa proyección que tienes hacia dónde quieres llegar, son los problemas, o las dificultades, que se presentan en el día a día.

Pero no hay tiempo. Realmente debes pensar que no hay tiempo para dejarte caer, para entrar en desesperación, en desasosiego, en desesperanza o cualquier otro tipo de emoción negativa.

Aquí lo importante es seguir adelante, no eres tú solo, hay gente que tienes que te ama. Incluso puede que tengas gente que depende de ti. Como tus hijos, tu esposa, tu esposa, tu madre o tu padre. Quizás una empresa.

¿Cuántas cosas puede que en este momento dependan de ti? y tú quieras por los problemas dejarte apabullar y sentirte deprimido. Tirarte en el sofá y simplemente quedarte con toda esa ansiedad en ti.

Pues no me parece una buena opción. Es verdad que cualquiera puede llegar a sentirse así. Pero una cosa es sentirse mal en cierto momento y otra cosa distinta es quedarse así en esa condición. O sea, lo que intento decirte es que, si ves que un problema te afecta mucho pues está bien, eres humano y como seres humanos hay cosas que nos afectan.

Pero es necesario hacer de tripas corazones, por así decirlo, como dice el dicho. Y no quedarnos ahí, auto flagelándonos, dándonos latigazos y lamentándonos en la desgracia. Es algo en lo que tenemos que estar dispuestos a no negociar en ninguna manera. ¡Qué pesimistas seríamos!

Así que, cuando tengas problemas o dificultades, piensa en que es tu situación, es tu problema y es tu responsabilidad entonces salir de eso. Nadie tiene que venir a sacarte de eso. Tú mismo debes salir de esa situación. No hay otra forma.

Si te fijas, hay gente que va al psicólogo y éste le dice, puedes hacer esto, o puedes hacer aquello, si haces esto, te va ayudar a superar ese problema que tienes.

Pero si la persona misma, no toma la decisión de hacerlo, nunca va a salir de esos problemas.

Entonces, ten claro que un factor crucial para impedir que lleguemos a dónde queremos. Pueden ser los problemas que no son solventados. Al frente de un problema hay que saber cómo reaccionar.

¿Cuánto tiempo tarda llegar a la meta?

Realmente esto no es cuestión de tiempo, porque sería absurdo tal vez querer medir algo que quizás no pueda pasar en el tiempo que queremos. Como ya lo mencioné anteriormente se debe ser muy flexible en cuanto al tiempo que se establece para cumplir metas o logros.

Tú mismo puedes establecer un lapso dentro del cual pretendas llega dónde quieres estar, pero recuerda siempre seguir moviéndote. Además, que aquí el tiempo es relativo, porque puede que lo consigas en un mes, en tres o en un año. O tal vez en diez años. Eso es algo que va a depender de muchos factores.

Y sobre todo de tu esfuerzo y determinación. Lo más importante no es el tiempo que te tardes, ni siquiera el resultado lo es tanto, cómo el comienzo. Así es, lo que en realidad importa es el comienzo.

Ahí es donde mucha gente se queda trabada, en el inicio. Así que ocúpate en iniciar lo demás deja que vaya fluyendo. Pero eso sí, toma las riendas del camino. No lo olvides.

¿Hasta aquí sientes que ha valido la pena la lectura que estás teniendo? Espero que sí. Vayamos a un nuevo capítulo.

TRECE

Sé fiel a tus metas

Lo que te he hablado en el capítulo anterior tiene mucho que ver con esto. Ya que en parte se relaciona directamente con tu esfuerzo y la confianza en ti mismo. El hecho de que seas fiel a tus metas tiende a ser muy importante para que pueda haber un cumplimiento de las mismas.

Y en este caso quiero hablarte de algo que va de la mano con la fidelidad y es sobre la lealtad. Ser fiel no es lo mismo que ser leal. Hay mucha gente que es fiel al empleo que tiene. Pero no es leal.

¿Cuál es la diferencia entre ser fiel y ser leal entonces? Bueno, un trabajador que es fiel, llega siempre a la hora de entrada a su trabajo y es responsable en ese aspecto. Sin embargo, luego de haber llegado tiende a hablar mal de su empleo, se siente obligado de estar ahí. Habla mal de su jefe.

Es decir, para nada es una persona leal. Esa es la gran diferencia que existe entre estas dos palabras. Ahora ¿qué pasaría si además de ser fiel a tus metas, decides también ser leal a ellas? En efecto, creo que funcionaría todo mucho mejor.

Cuando eres fiel a tus metas te dispones a cumplir tus objetivos y ejecutas las estrategias que has definido para lograrlo. Sin embargo, puede que, en ese proceso, sean más tus quejas, que tu buen desempeño, o tal vez estés en modo automático, o mucho peor haciendo las cosas por pura rutina y eso signifique que no estás siendo leal a tus metas.

Si eres fiel y leal a tus metas vas a conseguir mucho más de lo que te has propuesto alcanzar. Nada mejor como hacer algo que realmente te hace feliz. No por imposición o por que no te queda de otra.

Sino porque realmente lo deseas, te sientes a gusto. Y bueno no estoy diciendo que porque sientas emociones positivas ya estás siendo leal.

No tiene nada que ver lo que sientes con el ser leal. La lealtad es una decisión y nada más. En el caso de un empleo que sabes que no te gusta, pero que por el momento debes quedarte ahí porque lo necesitas. Solo debes decidir ser leal, aunque no te guste. Es básicamente un principio.

Pero en caso de que sean tus propias metas, tú mismo busca la manera siempre de que la mayoría de cosas que tengas que hacer para darle cumplimiento a cada una, pues sean cosas que te agraden, donde te sientas bien y eso te ayudará a rendir más.

De manera que ya sabes la diferencia que existe entre ser fiel y ser leal. Espero que mi ejemplo haya sido bastante práctico y fácil de entender. Entonces veamos ¿cómo puedes ser fiel a tus metas, por qué deberías serlo y en qué te beneficia el hecho de que lo seas?

¿Cómo ser fiel a las metas?

Lo primero que debes tomar en cuenta es ser fiel a tus valores y principios y sobre todo a tus palabras. Es decir que no digas una cosa hoy y hagas otra mañana.

O sea, tienes que hacer lo que habías pensado y dicho hacer de antemano. Si tu meta conlleva una serie de acciones que debes realizar entonces hazlo en serio.

También puedes ayudarte usando tu calendario de objetivos intenta por todos los medios no posponer lo que has definido hacer para alcanzar cada objetivo y cumplir con tus metas.

Metas estratégicas

Además, piensa qué estás invirtiendo tiempo y dedicación para tu propio beneficio, para tu propia vida, y qué más que eso. Esta debe ser una razón lo suficientemente motivadora para ser fiel a tus metas.

El ser fiel a tus metas, debería convertirse en una meta más. De esta manera podrás verlo con mayor seriedad. Es decir, si te trazas como meta ser fiel a tus objetivos, trabajarás constantemente en ello.

¿Por qué deberías ser fiel a tus metas?

Primero porque si no puedes ser fiel a tus propias metas, crees que podrás ser fiel a cualquier otra cosa que tengas que hacer en la vida. Es decir, ¿podrás cumplir con alguna responsabilidad que te sea dada? En verdad siempre he pensado que todo en la vida puede ser medido. Hasta la disposición que tengamos en cierto modo de hacer las cosas.

Podemos comenzar por nosotros mismos, viendo de que somos capaces, hasta dónde podemos llegar y esto es muy importante. Porque es la única manera de saber que tanto estamos dispuestos a dar. Así que una de las razones más relevantes por las que deberías ser fiel a tus metas es por la sencilla razón de probarte y sobre todo enseñarte a ti mismo disciplina y compromiso.

Ser fiel se basa en el compromiso que haces con tu persona. De dedicar tiempo, esfuerzo y todo lo que sea necesario para ver tus metas cumplidas. También debes ser fiel a tus metas porque de otra forma es imposible que puedas alcanzarlas. Es poco probable en realidad.

Y además de eso pongamos de ejemplo que tienes una empresa y cuentas con un equipo de trabajo. Tú eres el jefe y has dado la información a tu equipo de todo lo que se planea lograr en un tiempo promedio que has establecido. Todo el equipo está de acuerdo y tiene el conocimiento adecuado para cumplir con cada estrategia que hará que luego lleguen al logro.

Sin embargo, resulta que, pasado un tiempo, comienzas a fallar en tus actividades relacionadas con lo que ya está establecido. Y tu equipo lo está viendo. ¿Te imaginas la mala impresión que estarías causando? ¡Totalmente fatal!

Te restaría credibilidad como jefe y como persona. En el caso de que tu equipo note que tus fallas se deben a irresponsabilidad y falta de compromiso en lo que debías hacer. Porque también es verdad que se puede fallar y no significa que haya sido por ser irresponsable o descuidado. Puede que también sea por otras razones ajenas. Pero en todo caso se debe ser muy cuidadoso con esto y más si hay más personas en el equipo.

Por lo tanto, debes ser fiel a tus metas primero porque además de que así podrás cumplirlas con mayor eficacia, también te beneficia el ser fiel. Porque enriqueces tu vida siéndolo. Segundo ser fiel a tus metas te hará sentir que cada vez puedes llegar más lejos. A medida que vayas cumpliéndolas.

Y tercero, pero no menos importante, porque te brinda autoridad a ti como persona y ante otros. La gente no está dispuesta a seguir y ni siquiera a escuchar a alguien que no tiene autoridad. ¿Serías capaz de seguir a una persona que dice una cosa, pero no se muestra congruente con sus hechos? Claramente no lo harías, a menos de que seas un inexperto.

Entonces ya sabes por qué deberías ser fiel a tus metas. Ahora es tu decisión que lo seas. Si realmente estas comprometido con alcanzar lo que deseas, de seguro que vas a decidirte por ser fiel a tus metas.

¿En qué te beneficia que seas fiel a las metas que defines?

Son muchos los beneficios que conllevan el ser fiel a las metas que nos trazamos.

Por ejemplo, un beneficio relevante es que puedes obtener uno o varios logros. Dependiendo de lo que te has propuesto. También te beneficia en que te hace tomar con más seriedad tus metas.

Te ayuda a superar tus expectativas. Ser fiel a tus objetivos implica tomar empeño en lo que tienes delante. Dedicación y

Metas estratégicas

mucho esfuerzo. Para luego tener el resultado deseado o mucho más de lo esperado.

Te beneficia en que al final aportará crecimiento a tu vida, cada vez que logras una de tus metas, ese logro se convierte en un ingrediente más para tu crecimiento personal y hasta profesional.

Te mantiene enfocado en cumplir tus objetivos. Es igual a cuando una persona tiene una pareja y decide ser fiel a su pareja. Por lo tanto, se centra en ella y evita las demás distracciones y tentaciones que puedan presentársele en el diario vivir. Y es una comparación válida la que estoy haciendo, porque considero que, si alguien no puede ser fiel a su compañero de vida, tampoco lo será en lo que se proponga. Tan fácil como eso.

Sencillamente porque no creo que cuente con la capacidad de lograr algo en lo que aún no puede ver realizado. Cuando ni siquiera es fiel a su pareja que puede verla. Sería algo muy contradictorio. Y me puedes decir, que hay personas muy exitosas que tienen un amante. Por ejemplo.

Mi pregunta sería ¿Será que su éxito es genuino? ¿Y qué se debe o es producto de su buen obrar? No lo creo. Puede que su éxito se base en trampas, no lo sé, pero es algo que se puede considerar.

Pero bueno en verdad lo que verdaderamente importa es que puedas cultivar el ser fiel a tus metas. Cumple con lo que dijiste que harías y esfuérzate por lograrlo. Si quieres disfrutar de los beneficios que trae consigo la fidelidad a las metas, pues comienza por ser fiel a ellas.

Cuando estableces una meta estratégica que tiene una estrategia, tiene objetivos y hasta una fecha pautada. Debes considerar realizar lo mejor posible dicha estrategia y cumplir con cada objetivo. Ser fiel a esa meta que trazaste es no posponer ninguna acción determinante, ni desviarte de tu objetivo.

CATORCE

¿Te sientes satisfecho en relación a tus metas?

Está es una excelente pregunta que deberías hacerte tú mismo cada vez que puedas. Solo tú, puedes saber si te sientes realizado o no, con todo aquello que has venido logrando.

Al llegar al término de una meta, cuando ya hemos cumplido todo lo expuesto para lograr dicha meta. Solemos sentir una gran sensación de satisfacción y triunfo. Nos alegra mucho haberlo logrado. A tal punto de que llegas a sentirte bien contigo mismo. ¿Pero qué pasa cuando no sucede esto? Puede que te preguntes ¿Por qué no me siento satisfecho con este logro?

Puede haber dos razones la primera es que sientas que no estás teniendo el resultado que esperabas y la segunda que internamente sabes que no hiciste lo justo para lograr esa meta. Esto último que no te tome por sorpresa. Porque sí, es una realidad. Sucede que a veces la gente suele tomar el camino rápido, pero en muy mala manera.

Por ejemplo, te imaginas que tu meta es llegar a ser el gerente de la empresa donde actualmente trabajas. Y para lograrlo, todo lo que haces es mal poner a tus compañeros de trabajo, hablando mal de ellos a sus espaldas. Resulta que vives diciéndole a tu jefe una gran cantidad de mentiras para que sencillamente no lleguen a ser tomados en cuenta para el puesto de gerente.

Y que simplemente te coloquen ahí a ti. Llegado el momento te ves en tu nueva oficina con el mejor puesto de la empresa. Eres el nuevo Gerente General y tienes tu ego súper inflado, pero en tu interior sabes todo lo mentiroso y falso que tuviste que ser para lograrlo.

Eso no es éxito, eso no te causará ninguna satisfacción real. Puede que al principio te sientas como si obtuviste un trofeo. Pero al rato si tienes consciencia, ella misma te acusará. Y si no quieres hacerle caso, está bien. Pero tarde o temprano la desdicha siempre te alcanza.

Además, hay un dicho que dice que al que obra mal, mal le va. Así que este camino de las metas debe basarse principalmente en integridad.

No hay nada que te brinde más satisfacción y sentido de superación que el hecho de realizar tus metas por el buen camino. Con mucho esfuerzo y constancia. Eso mi querido amigo es insuperable.

He allí entonces la diferencia que hay entre tomar buenas o malas decisiones, entre tomar el camino correcto o el incorrecto. Basa siempre tus metas en principios y valores.

La satisfacción de lograr una meta

Nuestra calidad de vida muchas veces depende de la motivación que podamos llegar a sentir. Una persona que se siente motivada, tiene emociones positivas de entusiasmo, ilusión, y se siente bien consigo misma.

Mediante una actitud, así como está se puede afrontar cualquier situación difícil. Y cabe destacar que a otras personas les gusta mucho la idea de estar al lado de personas positivas, que realmente aporten valor a sus vidas.

Lo primero que debe sentir una persona para poder cumplir una meta es motivación. Sin motivación resultará más difícil tener logros. Para esto existen dos factores que actúan como determinante en la motivación:

1. **La expectativa:** Es la probabilidad que se percibe de poder satisfacer una necesidad. Esto de acuerdo a su experiencia.
2. **La accesibilidad:** Refleja las limitaciones que pueden aparecer en el medio para poder satisfacer una necesidad.

Por otro lado, cuando no marcamos metas corremos el gravísimo riesgo de quedarnos estancados. Dejando de aprender y de vivir experiencias nuevas que nos merecemos.

El proceso de desarrollo de una meta supone un enorme desafío personal esto ya lo he dicho antes. Ya que ponemos a prueba nuestras habilidades y destrezas y nuestro talento principalmente.

Algunas de esas habilidades son:

- **La creatividad:** Pones todo tu empeño en dar lo mejor de ti, creando cosas nuevas y que revolucionan tu vida.
- **La planificación:** Empleas tus mejores habilidades mentales para crear una planificación estratégica y adecuada.
- **La motivación:** Te motivas cada día para poder lograr tus sueños. Cada mañana te levantas diciéndote a ti mismo que puedes lograrlo y que nada va a detener tu progreso.
- **La concentración:** Vives en plena concentración lo más que puedes, evitando las distracciones y te conviertes en alguien capaz de ser responsable en lo que hace.
- **La orientación al logro:** Te centras en el blanco que vas a lograr y nada puede sacarte de ahí.
- **El compromiso:** Valoras cada acción que debes tomar para lograr tus objetivos y eso hace que te comprometas con lo que has planeado.

- **La productividad:** Entra en juego lo productivo que puedes ser y hasta dónde eres capaz de llegar productivamente.
- **La gestión eficaz del tiempo:** Te das cuenta de cuán bueno puedes ser al gestionar tu tiempo, con el propósito de cumplir tus deseos.

Motivo de esto sucede que cuando logras ver tus metas cumplidas te das cuenta de que realmente valió todo el esfuerzo y la dedicación que pusiste de tu parte.

Eso te llena de satisfacción por sentirte un ganador. Es hermoso el hecho de que todas tus habilidades realmente hayan servido para lograr tus objetivos. Todo el empeño que pusiste fue muy bueno y eso te hace sentir realmente bien.

Diferencia entre sentir satisfacción por una meta personal o por una profesional

El logro de una meta personal incumbe directamente en nuestra vida personal, lo que nos hace sentir mucha más satisfacción.

En cambio, lograr una meta profesional, aunque en cierto modo también nos produce satisfacción, no se puede llegar a comparar con lo primero, puesto que en este caso las metas profesionales solo incumben en objetivos profesionales.

Cuando logras una meta personal sabes que dirigiste bien tus esfuerzos. Que no fue en vano toda la dedicación que le pusiste al trayecto que viviste. Y eso, sin duda alguna que produce gran satisfacción.

Disfruta el proceso

La pregunta de este capítulo es ¿cómo te sientes en relación a tus metas? ¿Estás satisfecho con lo que estás viendo?

Realmente lo más valioso de ponerse una meta no es conseguir el objetivo final. Más bien es poder disfrutar durante el proceso y el aprendizaje. Sí, porque del camino de cada una de tus metas vas a aprender algo siempre.

Por supuesto como ya te dije conseguir el logro es muy gratificante pero solo es un momento. En el momento que llegues a decir "lo conseguí" justo ahí, todo habrá acabado. Y sería absurdo intentar vivir del éxito momentáneo, hay que seguir.

Por ello no pares de ponerte más metas, para que sigas sintiendo esa motivación y energía que te impulsa a hacer las cosas.

¿Alguna vez has esperado muchos días para ordenar y limpiar tu casa? Y luego cuando decides limpiar y ordenar, resulta que todo es un completo desastre. Todo está más sucio de lo normal y ahora tendrás que dedicar mucho más esfuerzo para que todo pueda quedar limpio y como debería.

Pero ¿Qué habría pasado si hubieses limpiado anteriormente? ¿O al menos un día por medio lo dedicaras a la limpieza de tu casa? Sería mucho más sencillo hacer la limpieza y ordenar todo. No es lo mismo limpiar sobre algo que esta regularmente limpio, a tener que limpiar algo muy sucio. Empleas más tiempo y esfuerzo. Es lógico.

De la misma forma ocurre cuando te detienes en plantearte metas. Llegas a perder el impulso y la motivación. Entonces cuando quieres marcarte una meta más resulta que te cuesta mucho iniciar. Te dejas llevar fácilmente por las distracciones porque perdiste concentración en el tiempo que tuviste inactivo.

Quiero que sepas que, así como todo en la vida se puede mejorar, las metas no se escapan de esta verdad. A medida que te vuelves un realizador de metas vas perfeccionando tu modo y procedimiento de llegar al cumplimiento de las mismas.

Así que disfruta realmente ese proceso que te está llevando hacía tus metas, si aún no has alcanzado lo que quieres, que eso no sea motivo para desanimarte. Debes sobreponerte y seguir adelante. En el proceso rodéate de gente buena que te ayude y que aporte valor a tu vida.

Intenta no rodearte de personas que no estén en tu misma onda, por así decirlo. Imagina que una de tus metas es ahorrar para abrir tu negocio y resulta que te rodeas constantemente de personas que

Metas estratégicas

solo esperan que llegue el día viernes, para salir corriendo de sus puestos de trabajo e ir directo a una discoteca. Se gastan toda su semana en tragos y esperan que llegue el próximo viernes para hacerlo mismo.

Suena deplorable, pero es cierto, hay mucha gente que vive de esta forma. No estoy diciendo que debes desecharlas o sentirte superior porque tú tienes otra forma de ver la vida. O porque pienses que ellos están mal. Cada quien decide cómo vivir su vida.

Pero si debes tener mucho cuidado y tratar de no ligarte mucho a este tipo de personas para cuidar de no entrar en su círculo. Es importante que tomes en cuenta el rodearte de gente que contribuya con tu desarrollo personal y profesional.

¿O crees que viviendo de esa manera podrías ahorrar dinero? Absolutamente no. No podrías hacerlo y no solo eso, sino que una vida así te quitaría parte de tu valioso tiempo. Debes aprovechar bien el tiempo recuerda esto siempre.

Por lo tanto, todo proceso tiene puntos fáciles de llevar y otros más fuertes. Lo importante es aprender de todos esos puntos, lograr superar los fuertes y no confiarnos en los fáciles.

No confíes en el hecho de que, porque una de las etapas hacia el logro de tus metas parezca fácil, puedes quedarte de brazos cruzados, sin intentar nada nuevo. Es decir, procura estar alerta siempre para que nada logre sorprenderte y puedas seguir el rumbo ya definido para que llegues a tus logros.

QUINCE

No pares de visualizar

Visualizar es un arte

¿Por qué lo llamo arte? Porque visualizar es en efecto un arte. No cualquiera puede visualizar con facilidad lo que desea. Para esto se necesita contar con una visión amplia. Visión es el arte de ver lo invisible y lograr que se materialice de alguna forma.

Ninguna cosa que se visualice es tan difícil como para no poder lograrla. Todo lo que se necesita es empeño y trabajo inteligente, no trabajo duro. Como te dije antes en esto tiene mucha parte el talento que tengas. Si lo sabes usar bien será mucho más fácil lograr lo que ya visualizaste.

¿Qué es visualizar?

Es desarrollar mentalmente la imagen de algo abstracto y otorgarle características visibles a aquello que no se ve. En una forma más sencilla, visualizar es crear en tu mente una imagen de aquello que quieres lograr.

Por ejemplo, como ese día que pensaste en tener un hijo, tuviste

Metas estratégicas

el deseo de querer tener un bebé. Antes de comenzar a planear ese embarazo, ya tu mente inmediatamente comenzó a crear imágenes de cómo sería ese bebé. Lo cual tuvo el poder de llenarte de alegría. Eso es visualizar.

Otro ejemplo, sería cuando imaginaste el automóvil de tus sueños, ese que tanto querías. Antes de planificar todo lo que harías para comprarlo, primero lo visualizaste. Pensaste en el color que querías, los aros y las llantas que deseabas, sus asientos de cuero tal vez. Y hasta el reproductor que le pondrías. Cada detalle te llevaba a sentir una fuerte emoción y sobre todo mucha motivación para hacer todo lo posible por tener ese automóvil.

Hasta que lo conseguiste y fue cuando pudiste ver materializado aquello que visualizaste. Por eso es importantísimo que no dejes de visualizar tus metas y sueños. No es cosa de locos, que visualices constantemente tus logros. Además de que eso es parte del establecimiento de metas, recuerda que las metas se definen como si ya se hubiesen logrado.

Enfócate en visualizar cada día eso que tanto anhelas, no para obsesionarte con ello de mala manera. Sino para mantenerte verdaderamente enfocado y también que tus esfuerzos lo estén.

¿Cómo visualizar tus objetivos?

Si de verdad quieres que algo se realice, debes poner tu mente imaginativa a trabajar para lograrlo. Visualizando el resultado frente a ti. Ya sea teniendo entre tus brazos a ese bebé tan esperado, o manejando el automóvil de tus sueños. Las limitaciones están en tu mente.

1. Visualiza el resultado deseado

Cerrar los ojos y visualizar ese evento tan esperado como lo es la culminación de uno de tus objetivos. Será de gran ayuda para ti. Por eso cierra los ojos y visualiza un objetivo o meta que tengas en mente.

Ahora imagina que quieres visualizar el momento en que llevas a tu bebé a su nueva casa contigo. Entonces visualizas la entrada de su nueva habitación, con su nombre estampado en la pared como una gran bienvenida. Luego visualizas la cuna donde dormirá con esas almohadas estampadas de ositos con bordes azules.

La alfombra acolchada con dibujos animados en el piso, la lámpara junto a la silla mecedora gris. Y hasta el suave aroma de la habitación. Visualizas su ropa toda doblada y cada detalle que han usado para la decoración del ambiente de tu hijo.

Puede que todo esto lo estés visualizando apenas con cuatro semanas de la gestación de tu bebé. Pero es tan deseado y fantástico para ti, que ya estás loco por tenerlo contigo.

Así mismo puedes visualizar todo objetivo o meta que tengas, siéntate plácidamente y con tus ojos cerrados, sumérgete en un viaje donde puedas ver tus logros. Está comprobado que la visualización ayuda a disminuir el estrés y la ansiedad. Incluso los psicólogos lo recomiendan.

2. Visualiza haciendo uso de pensamientos positivos llenos de optimismo

Es posible que hayas hecho todo lo posible por tener ese automóvil, pero hasta el momento no ha sucedido. No lo has podido comprar. Y esto puede que llegue a frustrarse y a sentir que no lo vas a poder adquirir. Pero es justo ahí cuando debes proponerte en decir "si voy a comprarlo" solo necesito un poco más de tiempo.

Luego visualízate dentro del automóvil, con tus manos en el volante. Escuchando el sonido del motor y sintiendo sus vibraciones.

Visualizar es similar a la hipnosis en el sentido de que no sucederá sino lo crees. Así que el primer paso para que la visualización surta efecto es el pensamiento positivo.

Recuerda que en la vida existe tanta relación entre el trayecto hacia lograr tus objetivos, como el destino que tengas en mente. Con la visualización además de mantenerte enfocado puedes sentir más placentero el proceso de alcanzar tus objetivos, porque hace que sea una incorporación positiva a tu vida.

Metas estratégicas

3. Traslada de tu mente al mundo real eso que has visualizado

Una vez que hayas visualizado varias veces tus objetivos, debes hacer cambios en tu vida que te ayuden o sean el medio para poder hacerlos realidad..

Antes de llevar a cabo una actividad o tarea, que logre un resultado o contribuya a tu objetivo, enfócate primero con claridad en la imagen de la acción que vayas a realizar.

4. Crea una cadena de eventos necesarios para lograr tu objetivo

Cambios importantes en tu vida es justo lo que necesitas hacer, estos implican tiempo y concentración, y sobre todo consisten en pasos pequeños. No esperes dar pasos agigantados todo el tiempo y creer que solo así estarás siendo efectivo.

Los pasos pequeños siempre suman, aunque a veces no lo parezca. Pero se convierte a algo similar a una gota que va llenando un vaso, cada vez que cae una gota el vaso está incrementando su nivel de agua. Hasta que finalmente llega a llenarse.

De manera que debes crear una serie de pasos en tu mente, es decir, visualizarlos. De cómo vas a llegar a tu objetivo o final específico. Debes imaginar la forma como llegarías ahí.

Por ejemplo, si quieres ser el presidente del grupo estudiantil de tu universidad debes imaginarte los aspectos de tu carrera. En este caso dirigir tu campaña, asistir a eventos de recaudaciones de fondos, reunirte con estudiantes influyentes y finalmente dar tu primer discurso.

5. Visualiza los rasgos de personalidad necesarios para llegar a donde quieres

Querer ser el presidente del grupo estudiantil de tu universidad no es suficiente, sino que debes pensar en las cualidades que te serían útiles para llegar hasta allí. Puedes visualizar la presidencia, pero también las habilidades para comunicarte de forma abierta y fluida. La capacidad de persuadir, compartir, escuchar, discutir y desviar las críticas que puedan surgir. Con gran destreza y respeto.

Imagínate a ti mismo actuando como presidente, lleno de confianza, desempeñando su rol con excelencia.

6. Motívate siempre empleando frases afirmativas

Las palabras también surten efecto. Si visualizas una mejor versión de ti, más saludable y en forma. Puedes decirte a ti mismo "Tengo un buen cuerpo, que saludable me siento y esto me hace sentir súper".

Puedes repetirte frases como estas, las veces que quieras. Según sea el caso de lo que quieras lograr ser o hacer. Solo ten cuidado de creerlas.

7. Debes visualizar estando tranquilo, concentrado y cómodo

La visualización suele surtir efecto cuando se está tranquilo y en concentración. Relajado y dispuesto a tomarte el tiempo de concentrarte en paz, sin distracciones, ni preocupaciones inmediatas.

Recuerda tener en cuenta que la visualización es muy parecida a la meditación, excepto que es más activa. La visualización te motiva a pensar de forma activa. Pero igual es necesario que hagas a un lado todo lo que sea superfluo a tus objetivos y solamente te enfoques en ellos.

Mientras más relajado, tranquilo y concentrado estés al momento de visualizar, más fácil será el proceso. Busca un tiempo a solas contigo.

8. Visualízate superando los contratiempos

Todo el mundo antes de lograr el éxito de una u otra forma, tuvo que haber lidiado primero con el fracaso. Ten presente que cometerás errores, pero debes recordar que es posible superarlos.

Pregúntate todos los días ¿qué puedo hacer hoy para ser mejor mañana?

9. Se realista en cuanto a los objetivos que visualices

Si visualizas algo que esté por encima de tu capacidad, no te servirá de nada hacer eso. Todo lo que sucederá es que no podrás cumplir los estándares que te hayas establecido y terminarás sintiéndote frustrado.

Debes imaginar situaciones o posibilidades que se ajusten a tus capacidades.

10. Enfócate en tus objetivos de largo plazo

Si optas por querer cambiar de un día para otro, terminarás muy decepcionado. Planifica que el hacer realidad tus sueños y deseos sea algo de largo plazo.

Para tener ese bebé deseado debes esperar concebirlo y luego de eso, nueve meses más de gestación. Ves como todo en la vida amerita un proceso.

Así mismo deja que la gestación de cada uno de tus objetivos y sueños vaya en su adecuado proceso. No te desesperes ante la espera. Sé paciente.

Te he dejado 10 formas de cómo puedes visualizar. Aprende el arte de visualizar y ya verás lo mucho que podrás alcanzar.

Nunca dejes de visualizar, además ayuda a los demás con la visualización. La esperanza es un gran regalo que puedes dar. Y la visualización forma parte de la esperanza de conseguir cosas mejores. Cuando hayas adquirido confianza, enseña a los demás a hacerlo.

Recuerda practicar la visualización, pues ésta requiere de práctica. Si lees un libro que no tiene imágenes, visualiza las palabras. Con el paso del tiempo lograrás visualizar todo lo que leas.

Debo decirte que me ha encanto llegar hasta este punto y aunque aquí es donde nos despedimos, espero que esta lectura haya sido de gran aporte para ti y tus sueños. Espero poder llegado más allá de tu razón, directamente a tu corazón.

Mi deseo es que puedas mejorar en cada área de tu vida y sobrepasar tus expectativas. Pon en práctica todos estos consejos. Si tienes que volver a leer pues hazlo. Nadie aprende a la primera siempre.

Espero que te hayas sentido a gusto leyendo todas mis líneas y quiero agradecerte por haberme seguido hasta acá. Te deseo el mayor de los éxitos en todo lo que te propongas y que cada una de tus metas pueda ser cumplida.

No olvides tomar en cuenta lo mencionado en este contenido, y emprende o mejora el trayecto hacia tus logros. ¡Un fuerte abrazo!

¿¡Quieres más conocimiento!?

¡Gracias por leer este libro!

Si te gustó este libro, entérate de todos los nuevos lanzamientos de Project Ash'ka en nuestro grupo y página de Facebook.

¿¡Quieres más conocimiento!?

Además, si te unes ahora, te daremos gratis la guía "Los 6 pasos para alcanzar todo en la vida". ¡Aprende a tomar el control y únete a nuestra tribu!

Haz click aquí para unirte:Project Ashk'a Free eBook (Facebook group)

Haz click aquí para unirte:Project Ashk'a Free eBook (Facebook fanpage)